ŒUVRES COMPLETES

—

EUGÈNE SUE

LA SALAMANDRE

2

PARIS

CHARLES GOSSELIN, 30, rue Jacob.

PÉTION, ÉDITEUR, 11, rue du Jardinet.

M DCCCXLV

ŒUVRES COMPLÈTES

DE

EUGÈNE SUE.

LA SALAMANDRE.

OUVRAGES DU MÊME AUTEUR.

Le Juif errant.	10 vol. in-8.
Les Mystères de Paris	10 vol in-8.
Mathilde.	6 vol. in-8.
Deux Histoires.	2 vol. in-8.
Le marquis de Létorière	1 vol. in-8.
Deleytar.	2 vol. in-8.
Jean Cavalier.	4 vol. in-8.
Le Morne au Diable.	2 vol. in-8.
Thérèse Dunoyer.	2 vol. in-8.
Latréaumont.	2 vol. in-8.
La Vigie de Koat-Ven.	4 vol. in-8.
Paula-Monti.	2 vol. in-8.
Le Commandeur de Malte. . . .	2 vol in 8.
Plick et Plock	1 vol. in-8.
Atar-Gull	2 vol. in-8.
Arthur	4 vol. in-8.
La Coucaratcha.	3 vol. in-8.
La Salamandre.	2 vol. in-8.
Histoire de la Marine (*gravures*) .	4 vol. in-8.

Sceaux, — Impr. de E. Depée.

LA
SALAMANDRE

ROMAN MARITIME.

Par EUGÈNE SUE.

TOME DEUXIÈME.

PARIS,

CHARLES GOSSELIN,
Éditeur de la Bibliothèque d'élite,
30. RUE JACOB.

PÉTION, ÉDITEUR,
Libraire-Commissionnaire.
11, RUE DU JARDINET.

1845

CHAPITRE PREMIER.

SZAFFIE.

Alors je suis tenté de prendre l'existence
Pour un sarcasme amer d'une aveugle puissance,
De lui parler sa langue, et, semblable au mourant
Qui trompe l'agonie et rit en expirant,
D'abîmer ma raison dans un dernier délire,
Et de finir aussi par un éclat de rire.

A. DE LAMARTINE, *Harmonies.*

Pierre était de quart lorsque Szaffie monta sur le pont.

Le bon lieutenant s'avança vers lui, et après avoir échangé quelques mots, prétexta un ordre à donner pour quitter Szaffie, car il avait été frappé de l'expression qui assombrissait le pâle visage du passager.

Le désir de la solitude était clairement écrit sur ce front soucieux, dans ce sourire amer qui arquait cette lèvre inférieure, rouge et mince.

Aussi, à peine le lieutenant fut-il éloigné que Szaffie monta sur le couronnement, et fut de là dans l'embarcation, où il s'assit.

Puis, cachant sa tête dans ses mains, il parut absorbé dans une profonde méditation.

Szaffie était alors plongé dans un de ces moments si rares de recueillement et de franchise intime où forcément on reste face à face avec soi en présence des faits et des souvenirs.

Et, par une soudaine puissance intuitive, il put embrasser d'un coup d'œil sa vie présente et passée.

D'une naissance distinguée, orphelin, il avait été mis fort jeune en possession d'une grande fortune.

A son entrée dans le monde, il y fut accueilli avec une faveur incroyable. Sa figure, d'une rare beauté, sa richesse, un esprit d'une singulière étendue, lui valurent des succès inouïs pour son âge.

Aussi usa-t-il vite cette fraîcheur d'émotions, cette exaltation pure et chaste, ces croyances sublimes que Dieu met dans le cœur de chaque homme, admirables sensations que les uns ménagent jusqu'à la vieillesse, et que d'autres dissipent en un jour.

Et Szaffie, lui, les ayant dissipées, sentit son âme vide et sèche qu'il n'avait pas encore vingt ans.

Ces succès de femmes qu'il avait trouvé si faciles, il les méprisa ; il en chercha d'autres dans l'ambition, et, par une fatalité singulière que les mœurs de l'époque font peut-être comprendre, tout lui réussit encore dans cette nouvelle voie.

Alors il commença de regarder les hommes et les femmes en grande pitié.

Car, par un singulier caprice de notre organisation, ce sont toujours les hommes qui ont le plus à se louer du monde, qui exécrent le plus ce monde.

On le conçoit : l'homme, supérieur surtout, a de ces moments de tristesse amère, de découragement profond dont le caractère principal est un sentiment prononcé de mépris pour lui-même.

Et quand il vient à penser que lui, lui si

dégradé à ses propres yeux, est adulé, recherché, prôné par le monde, en vérité il doit le dédaigner ou le haïr beaucoup ce monde!

Or Szaffie, blasé sur tout, parce que tout lui avait réussi, tomba dans une mélancolie incurable. Ses pensées devinrent sombres et poignantes ; et, pendant deux années, il monta ou descendit tous les degrés qui mènent au suicide.

Arrivé là, il réfléchit une dernière fois, fouilla encore son cœur, mais il le trouva mort, mort et insensible à tout.

Une dernière fois il remonta des effets aux causes, et rencontra, dans le bonheur qui l'avait poursuivi, la source des maux imaginaires ou réels qui le torturaient sans relâche.

Alors, par un sentiment que l'on taxera si l'on veut de monomanie, il se prit à exécrer, à maudire ce monde qui, en le faisant si heureux, l'avait rendu si misérable.

Et son cœur, qui ne vibrait plus aux mots d'amour, de vertu ou d'ambition, eut un écho prolongé pour ce mot — haine —.

Et Szaffie bondit de joie; il avait découvert

une nouvelle corde dans son âme, une mine féconde en émotions.

— Après tout, dit-il, que ce soit par l'excès de bonheur ou de chagrin, le monde m'a rendu misérable; il a usé toutes mes sensations; j'en retrouve une, cuisante, aiguë, implacable : le monde en supportera la réaction.

Et désormais il n'agit plus que sous l'obsession de cette idée : — *faire tout le mal possible à l'humanité*, — non ce mal physique que les lois poursuivent et condamnent, mais ce mal, cet assassinat moral qu'elles tolèrent, que la société encourage même quelquefois.

Meurtrier spiritualiste, Szaffie voulait tuer l'âme et non le corps.

— On ne croit plus même à Satan, se dit-il; j'y ferai bien croire, moi! et par les seuls moyens donnés à l'intelligence et à la nature de l'homme.

Et ce nouvel avenir qu'il se créait, excita puissamment l'imagination ardente et désordonnée de Szaffie. Il sentit qu'il avait plus que jamais besoin de tous ses avantages. Aussi reparut-il dans le monde plus beau, plus séduisant, plus complet qu'autrefois; car cette idée fixe et dominante avait donné à ses traits une expression bizarre qui le distinguait encore davantage des autres hommes.

Quant à lui, son rôle était facile : sa haine de l'humanité le mettant sans cesse en garde contre les faussetés humaines, lui assurait l'avantage de n'être jamais surpris par elles.

Ainsi, la bassesse la plus sordide, l'ingratitude la plus flagrante, le caprice le plus révoltant, le trouvaient toujours insensible et prévenu : jugeant le monde d'après lui, il voyait les hommes et les femmes sous des couleurs si sombres, il leur prêtait des vues et des arrière-pensées tellement misérables, que la réalité était toujours au-dessous de ses soupçons.

Mais par une fatalité singulière, avec ce cœur flétri et désabusé, Szaffie avait conservé la tête d'un jeune homme, l'imagination d'un poète.

Une de ces imaginations colorées et puissantes qui jettent sur tout un brillant manteau de poésie; qui, jointe à une profonde dissimulation, lui donnait les moyens de jouer toutes les convictions, toutes les émotions pour arriver à son but. Et si jeune, si beau, si riche, dans une sphère sociale élevée, n'avait-il pas tous les moyens d'y parvenir?

Et songer pourtant que cette jeune et charmante enveloppe, quelquefois si marquée de cette douce et triste mélancolie qui semble révéler une âme tendre et naïve; songer que tout cela mentait! — que cette jeunesse mentait, — que ces dehors séduisants, si pleins de vie et de sève, que cette parole chaleureuse et animée, que ces élans de naïve admiration pour la vertu ou de mépris pour le crime; —songer que tout cela mentait! —songer que c'est du fond de son âme vide et ténébreuse, de son âme haineuse, incrédule et glacée, que Szaffie dirigeait l'effet de ces mensonges si élégamment, si brillamment masqués!

Ainsi il ne croyait pas à l'amitié, non! — et l'amitié le trouvait toujours facile, ouvert et bienveillant; car de son puissant coup-d'œil il découvrait vite dans chacun le vice ou la qualité qu'il cherchait à flatter ou à éteindre.

Aussi toutes les séductions irrésistibles de son esprit, de sa fortune, de sa position, étaient tendues vers le côté faible du caractère de chacun, tel minime qu'il fût, persuadé que, pour qui sait *jouer des hommes*, tout humain a sa corde apparente ou cachée à faire douloureusement vibrer.

Ainsi il ne croyait pas à l'amour, qu'il avait réduit à n'être pour lui qu'un fait, défiant ainsi ses déceptions.

Et pourtant le langage le plus pur et le plus brûlant, les séductions les plus ingénieuses, les soins les plus délicats, le dévouement le plus inouï, il employait tout pour arriver à son but.

Il ne croyait plus à l'amour : et pourtant ses yeux humides se baignaient encore de larmes, son cœur bondissait, ses lèvres tremblaient; et c'était le son de sa voix mélodieuse et douce : c'étaient des mots de passion, haletants, frénétiques, ivres; des caresses âcres et corrosives, des baisers qui répondaient au cœur comme une étincelle électrique.

Et puis, quand enfin une pauvre femme

ainsi enivrée, fascinée, amoureuse, éperdue, oubliant tout pour lui, torturée par le remords, disait en pleurant d'affreuses larmes : — Au moins, mon Dieu ! je suis aimée !

Encore tout chaud de ses baisers, Szaffie répondait à cela par quelque froid et cruel sarcasme qui dévoilait son âme tout entière. Ainsi il l'avouait : sa passion feinte, c'était un moyen; la possession, encore un moyen d'atroce réaction sur une femme confiante et passionnée. Pas d'amour, plus même de désirs, seulement sa victime était dans sa dépendance absolue, comme un homme dont on sait le secret et que l'on met vingt fois par jour face à face avec l'échafaud.

Et le misérable jouissait des sanglots déchirants qui s'échappaient alors, avivait cette plaie morale qu'il faisait saigner, et aimait à voir ce cœur tout pantelant se tordre et éclater en cris de douleur, de remords et d'amour.

Puis, quand il était las de l'irritation nerveuse que ce spectacle affreux lui causait, il retombait dans son néant, comme ces corps inanimés que le galvanisme ne fait plus mouvoir.

Et malheur! les avantages physiques et intellectuels dont il était si admirablement doué ne lui donnaient que trop les moyens d'essayer son atroce système de désenchantement sur des êtres faibles, confiants et inoffensifs, qu'il amenait à lui par cette puissance d'attraction dont quelques hommes sont doués.

Telle est l'analyse imparfaite de ce caractère, qui quelquefois, par une juste punition de Dieu, tombait dans de lugubres et poignantes réflexions.

En effet, à ce moment, Szaffie, en contemplant l'abîme sans fond qu'il avait creusé lui-même dans son cœur, était saisi comme d'un vertige.

Car il voyait son âme nue, froide et desséchée, son âme qu'il avait cruellement dépouillée de ses pures et primitives croyances d'enfant, de ses fraîches et naïves illusions du jeune âge, de ces illusions que Dieu nous donne, comme un prisme aux milles nuances, pour colorer de ses magiques reflets ce qu'il y a de désespérant dans la réalité.

Car, dans ce ténébreux voyage de sa pensée, Szaffie voyait son âme vide et sombre, sans un souvenir sur lequel il pût se reposer; sans une idée consolante à laquelle il pût s'arrêter comme à une fraîche oasis au milieu de cet immense et aride désert.

Il ne trouvait rien dans son âme, rien que le néant et le désespoir; car, ayant brisé tous les liens qui pouvaient l'attacher à l'humanité, il se voyait à jamais seul au monde, seul avec sa haine.

Et Szaffie leva la tête; son visage était plus pâle que de coutume, et il y avait sur son front une effrayante expression de douleur incurable et profonde.

— Oh! dit-il, vivre ainsi, est-ce vivre! J'ai vécu d'amour!.... Maintenant je vis de haine. Mais cette vie usée comme l'autre, une fois cette dernière sensation éteinte, car la haine s'use... — Eh bien! après? se demanda-t-il.

—Eh bien! après... le suicide! je ne l'aurai reculé que pour y revenir!

— Et après?

—Oh! après... après... le néant!—le néant! horrible pensée!... ne plus être! Et si pourtant ma vie, morne et glacée, m'était trop à charge! ah! ah! atroce folie! se jeter dans le néant pour échapper au néant! — Oh! si je pouvais croire à l'enfer! . . . .

Et il cacha sa tête dans ses mains.

Puis relevant sa tête avec violence, dressant le front contre le ciel :

— Eh bien! l'enfer, ce serait une sensation peut-être! dit-il avec un affreux sourire. — Puis-je d'ailleurs maintenant aimer les autres quand je m'exècre moi-même! Non, non! dit-il les dents serrées. Que ma destinée de mal s'achève donc d'abord! Et après... Eh! bien, après, l'enfer! s'il y en a... Mais non, il n'y en a pas! reprit-il avec une expression de désespoir et de regret singulier.

Et ce caractère inflexible et dur comme le fer, s'élançant d'un bond au-dessus des pensées accablantes qui l'avaient abattu un instant, ne retira de cette méditation qu'un sentiment plus amer contre l'humanité.

Il descendit sur le pont.

L'enseigne Merval, qui avait pris le quart, s'approcha de lui.

— Eh! bien! Monsieur, lui dit le frivole et insouciant jeune homme : seriez-vous poète? Cette belle nuit doit vous inspirer? Confiez-moi donc le sujet sur lequel vous venez de méditer.

— Sur la charité évangélique, Monsieur, répondit Szaffie avec un sourire qui glaça l'enseigne.

CHAPITRE II.

BRANLE-BAS DE COMBAT.

Oh là ! Étrik, je me défie du compère.
BURKE.

Le lendemain matin, au lever du soleil, l'état-major de la corvette était déjà rassemblé sur le pont.

Pierre braquait sa longue vue sur un point assez éloigné.

Auprès de Pierre, le commandant, l'œil fixe, le col tendu, l'air inquiet, paraissait attendre avec anxiété le résultat des observations de son lieutenant.

— J'en étais sûr ! dit Pierre en fermant la lunette d'un coup de paume de main. Puis il se retourna vers le marquis.

— Ah ça ! commandant, lui dit-il, je dois vous prévenir d'une chose : c'est que depuis quelque temps les pirates algériens font la course, et qu'il serait possible... — Eh bien ! eh bien ! qu'avez-vous donc ? Comme vous pâlissez !

— Non, mon ami. C'est nerveux, je sais ce que c'est.

— Très bien ! Je vous disais donc qu'il serait possible que nous eussions à donner la chasse à quelque forban. Ainsi je vais faire, en tous cas, battre le rappel, ouvrir la soute aux poudres, et veiller à ce qu'on fasse le branle-bas de combat.

— Ah ! mon Dieu ! mon Dieu ! le combat, nous sommes perdus ! dit le pauvre marquis à voix basse, les yeux effroyablement ouverts et frappant dans ses mains ; allons-nous-en, allons-nous-en !

— Oui, commandant, dit Pierre à voix haute ayant l'air de répondre à son supérieur ; et s'avançant vers Merval :

— Faites gréer les bonnettes, Monsieur ! L'intention du commandant est que nous sachions au plus tôt à quoi nous en tenir sur ces voiles.

— Oui, lieutenant, dit l'enseigne.

Et il ordonna la manœuvre, qui fut exécutée à l'instant.

— Mais, dit le marquis pâle comme la mort en prenant le lieutenant par le bras, êtes-vous bien sûr qu'il n'y a rien à craindre, au nom du ciel?

— Oui, commandant, reprit de nouveau Pierre de sa voix forte et tonnante.

— Monsieur de Merval, ajouta-t-il, le commandant trouve que nous ne portons pas assez de toile, et que nous allons trop doucement. Faites, je vous prie, hisser les contre-catacoës.

La manœuvre suivit le commandement, et la corvette fila avec une étonnante vitesse.

Et Bouquin dit tout bas à La Joie, qui remettait son grand sifflet dans sa poche :

— As-tu vu ce vieux serpent-là, avec son bonnet de poil? En fait-il de la toile, en fait-il! Le lieutenant aime bien la voile, mais c'est un mousse auprès du vieux. Eh! mais... vois donc, matelot, vois donc : les boute-hors des basses vergues à toucher l'eau. Voilà un loup de mer! Qui est-ce qui se douterait de ça?

En effet la corvette s'inclinait et volait, rapide comme une flèche.

— Mais, Dieu du ciel, nous allons *verser!* disait l'ex-débitant de l'air le plus piteux et le plus effrayé.

— Un mot de plus, commandant, et je fais mettre les royales.

— Je ne sais pas ce que vous voulez dire, par les royales! reprit le pauvre marquis : mais je comprends. Allons! je me tais, je me tais. Mais est-ce que réellement vous allez faire ouvrir la *chose* aux poudres?

— C'est l'affaire d'un moment. Avez-vous quelque chose... dans la soute?

— Hein?

— Avez-vous des effets, des coffres sur l'endroit qui sert d'entrée à la sainte-barbe?

— Est-ce près de chez moi?

— Pardieu! le panneau est sous votre lit.

— Le panneau... de l'endroit aux poudres...

ou... le panneau! Comment! je couche sur les poudres!

— Vous couchez sur la sainte-barbe : après? N'est-ce pas la place d'honneur, Monsieur? Un capitaine de vaisseau n'est-il pas là convenablement placé pour faire sauter son navire, si la chance tourne?

— Sauter! Qui parle de ça, sauter? Ah! mon Dieu! nous sommes perdus!

—Tenez, commandant! reprit Pierre à voix basse en conduisant le marquis dans sa chambre pour n'être entendu de personne, tenez, Monsieur! maintenant, voyez-vous, j'ai une peur, moi!

— Laquelle, lieutenant?

— C'est que vous ne soyez lâche.

— Monsieur!

—Mais soyez tranquille! Tant que Pierre sera lieutenant de *la Salamandre*, tant qu'il pourra toucher la gâchette d'un pistolet, je vous réponds, moi, que vos épaulettes resteront pures... et malgré vous, encore!

— Que voulez-vous dire?

— Je veux dire que, si je vous voyais sur le

point de faire une lâcheté... Vous comprenez bien : une lâcheté?

— Eh bien?

— Eh bien! je vous tuerais!

— Mon Dieu! mon Dieu!

— Oui, je vous tuerais! Je serais fusillé, mais votre uniforme serait sans tache!

— Mais au nom du ciel!

— Au nom du ciel, pensez bien à tout ceci! J'ai les yeux sur vous, et je vous donne ma parole d'honneur, ma parole de marin, que je le ferai comme je vous le dis. Et Pierre n'a jamais manqué à un serment! Ainsi écoutez-moi. Nous allons atteindre cette voile là-bas; ce n'est peut être rien, c'est peut-être beaucoup. Je vais, d'après vos ordres, ordonner le branle-bas de combat; dans une demi-heure, nous serons à portée du canon, et il est possible que ça chauffe! Vous sentez-vous le courage de répéter les commandements que je vous soufflerai?

— Quand?

— Quand le combat sera engagé, s'il y a combat.

— Mais, dans le combat, je ne puis donc pas rester ici, tranquille?

— Ah! bien! — Puisqu'il en est ainsi, Monsieur, qu'il y ait combat ou non, dès que nous serons à portée de canon, je vous ferai prévenir. Vous monterez sur le pont; arrivé là, vous regarderez les boussoles et la mâture, et puis vous me direz : — Lieutenant, commandez la manœuvre; et que Dieu fasse que nos canons trouvent à qui parler! ou autre chose, à votre choix, mais dans le même sens; et alors, vous vous percherez sur votre banc de quart, d'où vous ne bougerez pas que le feu ne soit terminé. Et songez-y bien, Monsieur : au moindre signe de peur, à la moindre hésitation, je serai là, je vous le répète, je serai là, et je vous veillerai, dit Pierre en portant son index auprès de son œil gauche qui parut flamboyer au pauvre marquis. Maintenant, commandant, reprit-il respectueusement, je vais m'occuper de tout, et j'attendrai vos ordres.

— Mais...

Pierre sortit en faisant un profond salut.

CHAPITRE III.

LA VOILE.

Enfin, la voilà !
SCHILLER, *les Brigands.*

En sortant de la chambre du commandant, Pierre rencontra son fils dans la batterie.

— Eh bien ! père, est-ce vrai ? dit l'enfant rayonnant de joie. Un combat ?

— C'est possible, mon ami. Et, à cause de cela, tu vas descendre avec moi un instant dans ma chambre.

Ils descendirent.

— Paul, dit le lieutenant en prenant un sabre suspendu au-dessus de sa couchette, tu prendras ce sabre; entends-tu? c'est une excellente lame turque montée à l'espagnole, avec une coquille et une garde qui couvrent la main et l'avant-bras. Dans un combat d'abordage c'est une arme précieuse.

— Mais père, et toi ?

— Tu sais que j'ai le sabre de ce pauvre Brémont, qui est excellent. Tes pistolets sont-ils en état ?

— Oui, père.

— Va me les chercher ; que je les voie.

— Mais, père, ils sont en état.

— Paul, allez me les chercher.

— Oui, père, dit l'enfant en embrassant Pierre.

Pierre le suivit des yeux ; puis, les levant au ciel :

— Mon Dieu ! dit-il avec une admirable expression de ferveur ; mon Dieu, ne nous séparez pas encore !

Paul revint avec ses pistolets.

Il fallut voir avec quel soin Pierre en fit jouer les ressorts et les batteries.

—Cette détente est trop molle, dit-il.

Et il jeta un des pistolets sur son lit, en prit

un autre au faisceau d'armes, l'examina soigneusement, et le remit à son fils.

— Tiens, mon ami. Et mets deux balles, entends-tu? Et surtout, Paul, ménage tes coups : pas d'imprudence, comme la dernière...

— Mais l'arme blanche, père?

— L'arme blanche... l'arme blanche, Monsieur, ne vaut pas l'arme à feu quand on vise juste. Et puis surtout, Paul, restez à votre poste... Vous m'entendez, à votre poste dans la batterie, et non sur le pont.

— Mais, père...

— Monsieur...

— Oui, oui, père ; j'y resterai. Mais toi?

— Moi, mon poste est à l'arrière, comme toujours, à la manœuvre.

— C'est bien en vue, père.

— Vilain jaloux! dit le bon lieutenant en souriant.

A ce moment un timonier descendit.

— Lieutenant, l'officier de quart vous fait prévenir que l'on est presque à portée de canon de la voile en vue.

— Dites que je vais monter, répondit Pierre.

— Allons! mon enfant, embrasse-moi, et soyons hommes.

Il faut avoir serré sur son cœur un père ou un ami dans une circonstance pareille, pour savoir ce qu'il y a de profonde et intime tendresse dans cet embrassement qui peut être le dernier.

Quand Pierre et son fils parurent sur le pont, on ne vit pas la plus légère trace d'émotion sur leur physionomie.

— Eh bien! lieutenant, dit Merval en lui passant la longue vue, nous savons ce que c'est.

En effet, après avoir assuré le pavillon de *la Salamandre* d'un coup de canon à poudre qui resta sans réponse, on avait essayé d'un second à boulet, qui réussit mieux.

— C'est heureux, dit le lieutenant en voyant un pavillon rouge se hisser lentement à la corne d'un grand brick étroit, hardi, élancé.

— Bouquin a bien visé, car le boulet s'est logé en plein bois, dit Merval. Mais voyez donc : voilà le goëland qui abaisse ses ailes et qui met en panne. Il veut nous envoyer un canot, sans doute, lieutenant?

— C'est possible; et je vais prévenir le commandant.

On n'a pas oublié la conversation du malheureux marquis et de Pierre. Selon les intentions de ce dernier, l'ex-débitant était monté sur le pont en grand uniforme, avait tant bien que mal balbutié la phrase que Pierre lui avait apprise, et grimpé sur son banc de quart. Raide, immobile, les yeux fixés sur Pierre qui ne le quittait pas du regard, il attendit.

Certes, si le marquis méritait une punition, il la reçut ample et large pendant la demi-heure d'incertitude qui le tint en suspens, n'ayant d'autre distraction que celles causées par Pierre, qui venait de temps à autre lui dire à l'oreille :

— Songez à ce que je vous ai promis. A la première hésitation, vous entendez...

Et, après cette communication amicale, Pierre le saluait profondément comme s'il se fût entretenu de choses importantes de service.

Et l'équipage, voyant la raideur et l'impassibilité du marquis au milieu du mouvement inséparable des préparatifs d'un combat, prit aisément cette pétrification ponr le sang-froid et l'habitude du danger.

Aussi Bouquin dit-il à La Joie en lui montrant le marquis :

— Il est bien mal ficelé en uniforme ; il a l'air d'un moule à f.... bête ; mais c'est un chien qui ne doit pas bouder au feu. Planié comme un mât, il ne bougera pas de son banc de quart, le vieux gueux, il ne bougera pas : le lieutenant a beau lui parler à l'oreille, rien du tout, il ne remue pas seulement la tête.

Au premier coup de canon que *la Salamandre* tira pour assurer son pavillon, le malheureux marquis, quoique prévenu, fit un effroyable bond sur son banc.

— Ah ! le vieux caïman ! dit Bouquin en tirant La Joie par sa veste. Ah ! le vieux gueux ! le v'là qui saute de joie de voir commencer la danse *de prends garde à ta peau !* Est-il enragé pour le feu, hein, La Joie ? Sois calme, sois calme : on va la danser ; et la mitraillade aussi, vieux enragé, vieux mangeur de boulets, va!

Mais heureusement pour le mangeur de boulets, l'enragé, l'amateur de la mitraillade et de la *prends garde à ta peau*, le feu ne continua pas; au contraire, comme on l'a vu, le brick hissa son pavillon après l'invitation un peu brusque que lui fit *la Salamandre*, et envoya un canot à bord de la corvette.

Alors Pierre, s'approchant du marquis, lui dit à l'oreille :

— Sauf le saut du banc de quart, je suis assez content. Descendez chez vous.

L'ex-débitant ne se le fit pas dire deux fois.

Dans ce canot, manœuvré par quatre hommes fort proprement vêtus à l'égyptienne, c'est-à-dire, vêtus d'une chemise, d'une calotte rouge, d'une culotte qui ne vient qu'aux genoux, il y avait un monsieur d'une quarantaine d'années, assez chargé d'embonpoint, habillé d'un gilet chamois et d'une redingote olive; il était coiffé d'une casquette bleue, je crois.

Il monta lestement à bord, salua l'enseigne Merval qui était au haut de la coupée, et lui dit en fort bon français, avec un accent qui trahissait un peu son origine normande :

— Purrai-je savoir, lieutenant, en quoi je puis vous être utile?

— Vous avez bien longtemps tardé à hisser votre pavillon, Monsieur? fit observer Pierre, étonné de voir ce gros homme, bas-Normand, naviguant sous le pavillon turc.

— Ma foi ! lieutenant, reprit l'autre, je dormais. Mon second est malade, et, avant que j'aie pu me faire entendre de ces animaux-là — il montra les Égyptiens — il s'est passé juste le temps de recevoir un de vos boulets — il ôta sa casquette — dans ma préceinte.

— Mais vous êtes Français, Monsieur? demanda Pierre.

— Oui, lieutenant : natif de Vire.

— Et comment naviguez-vous sous pavillon turc?

— Mais je suis turc aussi.

— Monsieur, répondez sérieusement ; c'est un officier de la marine royale de France qui vous interroge.

— Mais, mon Dieu ! lieutenant, je suis Turc, en cela que j'ai apostasié.

— Ah ! vous êtes renégat, dit Pierre avec une expression méprisante.

— Pour vous servir, dit l'autre en ôtant sa casquette.

— Et vous allez, où ? demanda Pierre.

— A Gibraltar, porter des grains d'Odessa. Voici mes lettres, mes papiers, lieutenant, visés par le consul anglais à Constantinople.

Tout était parfaitement en règle.

— Je vais, Monsieur, si vous le permettez, dit Pierre, envoyer un de mes officiers pour visiter votre brick. C'est un engagement pris entre les trois puissances, afin d'atteindre, si l'on peut, Sam-Baï le pirate.

— Que Dieu !... Je veux dire que Mahomet vous aide, lieutenant ! Mais quand vous voudrez visiter mon bord, je suis prêt, car j'ai hâte d'arriver.

— Monsieur de Merval, dit Pierre, prenez le canot major, armez-le en guerre, et veuillez aller examiner ce brick : vous me ferez votre rapport.

Le sifflet de La Joie retentit. On mit l'embarcation à la mer, on l'arma, et Merval, accompagné du renégat, quittèrent la corvette.

— Lieutenant, je vous présente mes civilités, dit le bas-Normand en saluant Pierre.

— Adieu, Monsieur, dit celui-ci avec une froideur glaciale ; et il ajouta tout haut : Merval, laissez la moitié de votre monde armé dans le canot, et à la moindre démonstration hostile un signal. Ce brick, vous le savez, est sous nos canons, mais n'importe, de la prudence.

Et l'embarcation quitta *la Salamandre.*

Pierre la suivit des yeux. Au bout d'une demi-heure elle revint, et Merval monta à bord.

— Eh bien ! Merval ? demanda Pierre.

— Eh bien ! lieutenant, il n'y a pas un mot à dire ; il est chargé de blé jusqu'à sa chambre ; seulement l'équipage est nombreux, voilà tout. Son second est un Italien, renégat comme lui ; il était couché et fort pâle. Il m'a répondu en assez mauvais français aux questions que je lui ai faites, et tout se rapporte à ce que ce gros homme nous a dit.

— Vous n'avez pas vu d'armes?

— Non : quelques fusils, voilà tout. C'était assez propre dans sa cabine. Pour un renégat, il a l'air d'un assez bon homme!

— Oui, oui ; mais je n'aime pas l'apostasie : ce n'est qu'un calcul, et c'est bas.

— Je suis de votre avis. Mais le voilà qui demande s'il peut partir, dit Merval en montrant à son supérieur un signal du brick.

— Faites-lui signe que oui, dit Pierre.

Et une flamme bleue et jaune fut hissée à la corne de *la Salamandre*.

A peine ce signal eut-il été aperçu par le brick, qu'il démasqua son grand hunier, et commença à voguer doucement, profitant de la brise qui était assez fraîche.

Puis quand il fut hors de portée du canon de la corvette, il laissa tomber d'un coup toutes ses voiles, déferla tout, depuis ses royales jusqu'aux basses voiles avec une prestesse, une précision admirables, orienta grand largue une des amures les plus favorables à la vitesse. et se prit à fuir avec une vélocité prodigieuse.

— Voilà un brick de commerce qui navigue et manœuvre mieux que bien des bâtiments de guerre, dit le lieutenant en secouant la tête.

— Prenons-nous la chasse? demanda Merval.

— Du tout, il est en règle. Et d'ailleurs quelque bonne marcheuse que soit *la Salamandre*, ce brick-là lui rendrait les huniers. Il n'y faut plus songer maintenant.

— Pourquoi diable aussi se sauve-t-il si vite? dit Merval.

— Ma foi, je n'en sais rien, répondit le lieutenant en descendant chez le marquis lui rendre compte de l'événement.

Et le digne homme, tout content d'avoir échappé au danger qu'il redoutait, demanda à Pierre s'il ne pouvait pas doubler la ration des matelots.

— C'est justement demain dimanche, dit Pierre; très bien, commandant, ça égaiera leur bal, car ils m'ont demandé la permission de danser, et je la leur ai accordée en votre nom.

— Et vous avez bien fait, dit l'ex-débitant.

La nouvelle des intentions généreuses du commandant, ayant vite circulé, chacun fut penser gaîment au bal du lendemain.

LIVRE VI.

CHAPITRE IV.

PARADOXES.

Silence ! enfant des passions ; silence ! si ton cœur murmure, que ta langue n'outrage pas ton Dieu !

BYRON, *le Ciel et la Terre.*

Il y avait quelque chose de tristement bouffon dans le désappointement de l'équipage de *la Salamandre* et de son état-major, qui s'attendait à un combat sanglant.

C'était comme un drame sans dénoûment, un amour brisé avant sa dernière phase, une ambition qui avorte ; c'était enfin une de ces déceptions si communes qui viennent brutalement railler les prévisions les plus sagement assises.

Et de fait, ces préparatifs de guerre, ces émotions instinctives de crainte, que les plus braves partagent toujours quand va se résoudre une question de vie ou de mort : ces témoignages de grave et profonde tendresse qu'on ne se donne qu'en ces moments solennels, tout cela aboutissant à un bas-Normand renégat qui faisait paisiblement son commerce de blé. Tant d'exaltations bouillantes obligées de se refroidir tout à coup ! Il y avait là, je le répète, quelque chose de triste pour des hommes qui, ayant fait d'avance le sacrifice de leur vie, ayant surmonté ce qui coûte le plus, le premier moment, n'avaient plus qu'à espérer des chances favorables d'un combat, si rare en temps de paix.

Aussi, tous les fronts étaient-ils sombres et plissés.

Paul surtout ne cachait pas son chagrin ; perdre une si belle occasion de se distinguer, et aux yeux d'Alice encore ! Le pauvre enfant exhalait ses plaintes avec une amertume qui frappa Szaffie.

Szaffie avait déjà remarqué le caractère de Paul ; cette nature primitive, franche et passionnée, contrastait tellement avec les organisations bâtardes et flétries qu'il avait rencontrées jusqu'alors, que l'envie lui vint de creuser ce cœur si neuf et si candide.

Oui, Szaffie, poussé par une infernale méchanceté, voulut dessécher — d'autres diraient éclairer — cette jeune âme, parce que la sienne était desséchée ; arracher ce pauvre enfant à ses illusions si poétiques, à travers lesquelles il ne voyait dans le monde que des sentiments purs, des affections douces. Parce que lui, Szaffie, n'y voyait plus que haine, vices et crimes.

Car, ainsi qu'on l'a dit ailleurs, il s'attachait à tuer l'âme et non le corps. Il appelait cela faire *voir vrai !*

Et tel est le néant de la justice des hommes, qu'ils punissent de mort pour avoir fait au corps une blessure qui se guérit ou qui tue à l'instant. Mais qu'ils laissent impunément torturer, déchirer une âme, y filtrer goutte à goutte un poison violent qui la brûle à petit feu, qui la change en une plaie incurable qui saigne jusqu'au tombeau.

Assassinez le physique, on vous tue! Assassinez le moral, on vous laisse calme, on vous loue même quelquefois, Et ceci est infâme! infâme... Car au moins, pour un coup de poignard, deux heures d'agonie, et tout est dit.

Mais arracher d'un cœur naïf et convaincu sa naïveté et sa conviction, mais c'est un coup de poignard qui dure toute la vie!

Mais dire à cet homme qui s'agenouille et s'écrie :

— Mon Dieu, je traîne une vie amère et atroce, ma mère est morte, mes enfants sont morts, ma femme est morte; mais je souffre tout, parce que tu es juste; parce qu'un jour, si j'ai souffert sans me plaindre les épreuves que tu me fais subir, je reverrai là-haut et ma mère et ma femme, et mes enfants. Aussi, je ne désire pas la mort, mais si tu me l'envoies, je la bénirai!...

Mais, lui répondre à ce malheureux : — Dieu, s'il existe, ne t'entend pas ; il s'occupe de la création, et non de la créature. Ta famille est morte ? Néant après toi ! néant ! Cabanis et Bichat l'ont prouvé. Toujours et partout néant ! Comprends-tu bien ? Ainsi, au lieu d'espérer, oublie. La mort est la fin de tout. Si tu souffres trop tu as la Seine ! Ne te plains donc pas Sybarite !

Eh bien ! celui qui aura tué froidement cette âme si pleine de vie et d'espérance ; celui qui poussera mathématiqement cet homme au suicide, irréfragable conséquence de la mort morale et de l'extinction de toute croyance, déduction positive qui s'applique à l'homme ou au corps social tout entier...

Eh bien ! celui-là sera-t-il moins coupable que l'homme ardent et jaloux qui tue sa maîtresse ou son ennemi ?

Et c'est sous le poids de ce désenchantement atroce que Szaffie voulait étouffer l'âme de Paul.

Ce combat si impatiemment attendu et qui trahit tant d'espérances, fut son point de départ; sa raillerie cruelle et puissante trouva dans cet incident une image fidèle des déceptions qui torturent notre existence. Et Paul lui parla de la gloire.

Alors Szaffie lui peignit la position de son père, de Pierre Huet, brave, loyal, couvert de blessures, vieux de victoires et de services, voyant d'un seul bond un homme stupide et lâche se placer au-dessus de lui...

Paul ne sachant que répondre à des faits, lui dit son glorieux et noble état qui récompensait bien de l'injustice des hommes.

Alors Szaffie lui en montra les privations, la monotonie, le despotisme qui réagissait sur les plus douces affections de la nature, qui changeait les relations de père à fils en soumission d'esclave à maître!

Et le pauvre enfant voulant sortir de ce cadre étroit d'individualité où Szaffie le serrait comme dans un étau, avec son enthousiasme de crédulité poétique et touchante, lui parla d'amour, de génie, d'amitié...

Alors Szaffie, avec des chiffres d'un positi effrayant, lui répondit:

— La vertu? c'est de l'or, ou un tempérament plus ou moins négatif. Le crime? une organisation voulue par la forme du crâne. L'amour? un appareil nerveux. Le génie? un cerveau plus ou moins développé. Et tout cela encore est soumis au bas et ignoble pouvoir de l'ivresse. De sorte que le souffle de Dieu, l'émanation divine, ne peut lutter contre l'influence d'un produit matériel d'une coupe de vin.

De sorte que l'amour le plus exalté, l'amitié la plus vive, le génie le plus puissant se fondent et s'effacent sous le souffle glacé de la fièvre!

Et cette hideuse théorie épouvanta l'enfant; car Szaffie colorait son tableau de couleurs si sombres, de faits si cruellement probables, d'une éloquence si âcre et si incisive, que le malheureux Paul fut comme étourdi, comme saisi de vertige.

Pour un moment, il devint comme ce fou dont parle je ne sais quel poète, qui, possédé par le démon du savoir, ne voyait plus la peau délicate et rosée de la femme, ses yeux purs et transparents, sa chevelure de soie... non, cette ravissante enveloppe lui échappait... mais de son regard aigu et acéré il découvrait les veines sanglantes qui se croisaient sous cette peau, les nerfs qui agitaient ces yeux, les muscles rouges qui faisaient mouvoir ce corps. Horreur! Là il ne voyait plus qu'un cadavre animé...

Mais il voyait vrai; il voyait le fond des choses, comme on dit.

Et Paul aussi commença à voir vrai, à voir le fond des choses, et ainsi à douter.

Et le scepticisme est un pas immense vers le désenchantement.

Et Paul resta immobile, atterré, fasciné par l'effrayante conversation, par le regard profond de Szaffie.

Oui, Paul, au lieu de croire, commençait à douter. Cette raillerie si mordante, si algébrique, devait laisser des traces éternelles dans son esprit vif, impressionnable et intelligent.

Oh! malheur! Plaignez Paul, qui jusqu'alors avait échappé à cette éducation abstraite et positive, dernier degré d'une extrême civilisation qui se consume par ses propres lumières, et qui a dépouillé notre société de ses dernières illusions.

Et ceci est un mal irréparable; car qui retrouvera jamais une croyance perdue?

Qui ne donnerait tout le froid et profond savoir du sceptique pour l'émotion du petit enfant qui joint les mains devant le Christ, et lui demande pardon d'une faute ou une vieillesse heureuse pour sa mère?

Qui ne donnerait l'inplacable raison, la science désespérante du matérialiste, pour la conviction consolante de celui qui croit à un autre monde peuplé de tout ce qui nous fut cher?

Qui ne changerait cet amer mépris du monde, cette insensibilité triste et moqueuse qui nous met au-dessus de toute déception, pour ce temps de crédulité naïve où nous nous laissions tromper avec tant de bonheur?

Oh! que l'âme est vide et desséchée, alors! Oh! voir dans tout, intérêt, calcul, arrière-pensée... Ne croire à rien, n'aimer rien, être forcément méchant ou malheureux!

Que cette vie est atroce !

Et penser pourtant que Paul avait fait le premier pas dans cette vie !

Et que ce premier pas est tout ! Car je ne sais quelle pente fatale de notre esprit nous fait courir au devant du malheur avec une désolante frénésie ;

Nous fait oublier en un instant des années de bonheur et d'espérance, pour nous vouer volontairement à un avenir de larmes et de chagrins !

Oh! serait-ce donc qu'il y a écrit au fond du cœur de l'homme : — Tu ne peux grandir que de toute la profondeur de ton infortune !

Oh ! serait-ce donc que l'implacable ambition de quelques-uns irait chercher un aliment jusque dans le désespoir !

Plaignez Paul ! car au moins Szaffie desséché par le savoir, blasé par le plaisir, avait encore sa haine pour vivre ! Il avait substitué quelque chose à ce qu'il voulait détruire chez Paul ! Parce que Szaffie avait une âme fortement trempée, un de ces caractères absolus, entiers, que Dieu jette sur la terre, organisés et complets pour le bien comme pour le mal extrême.

Parce que maintenant, l'âme de Szaffie, c'était l'immense cratère d'un volcan; il avait tout englouti : fraîches eaux, gazons, verdure et doux ombrages, mais il pouvait au moins vomir la lave brûlante qui bouillait dans ses entrailles.

Mais l'âme de Paul! mon Dieu! l'âme de Paul, ce n'était qu'une frêle et tendre fleur qui, arrachée de sa tige, flétrie, fanée, devait tomber et mourir.

Aussi le malheureux enfant sentit son cœur se briser; ses yeux se mouillèrent de larmes cruelles, et il dit à Szaffie :

— Ah! Monsieur, Monsieur! pourquoi, grand Dieu! m'avez-vous dit cela? Si vous saviez le mal que vous me faites!... Quel affreux système que le vôtre!

Alors Szaffie, avec sa merveilleuse facilité à heurter les émotions, à renverser les idées qu'il avait fait naître, lui répondit que ce système accablant n'était pas le sien, mais celui de quelques hommes assez malheureux pour ne croire à rien.

— Quant à moi, ajouta-t-il avec un sourire sardonique, je crois au progrès, à la perfection infinie de l'humanité.

Mais ce dernier système fut accusé si faiblement, fut empreint de teintes si pâles et si froides, et l'autre, au contraire, si vigoureusement coloré, que, sombre, imposant, terrible, il resta de toute son effrayante hauteur dans l'esprit de Paul.

Szaffie le laissa seul.

Délivré de l'obsession de cet être infernal, Paul essaya de sortir des ténèbres où son âme était douloureusement plongée : l'enfant évoqua sa tendresse pour son père, son amour pour Alice. Ces doux et tendres souvenirs vinrent bien luire à sa pensée, comme des rayons d'espérance et de consolation, mais ainsi qu'un oiseau dont l'aile est brisée, le malheureux faisait de vains efforts pour atteindre à cette plénitude de bonheur, à cette sérénité d'âme qu'il éprouvait naguère.

C'est alors que Paul eut vaguement la conscience de ce que serait sa vie désormais.

Effrayé, éperdu, par un instinct sublime, il courut chez son père.

Un factionnaire était à la porte de sa chambre.

On sait que Pierre avait ordonné à son commandant de le punir de quinze jours d'arrêts forcés pour son acte d'insubordination admirable.

Les quinze jours n'étaient pas écoulés.

— Je veux parler à mon père, dit l'enfant d'une voix altérée.

— Monsieur Paul, le lieutenant a défendu de laisser entrer personne. C'est la consigne des arrêts forcés et du commandant.

— Mais, dit Paul, en tremblant de douleur, je vous dis que je veux parler à mon père.

— Lieutenant, cria le marin, c'est M. Paul qui veut vous parler. Faut-il le laisser passer?

— Monsieur, dit Pierre à son fils en paraissant à la porte avec une expression de mécontentement, Monsieur, ne savez-vous pas la consigne?

— Père, par pitié!.... père.... que je te parle... Oh! j'ai à te dire... Enfin... je souffre bien, père...

A cette voix émue, entrecoupée, le bon lieutenant fut sur le point de faiblir. Déjà il levait la main pour ordonner au marin de laisser passer, mais son inflexible attachement à la discipline le retint.

— C'est impossible, Paul, dit-il; et si vous souffrez, voyez mon vieil ami Garnier.

Et il eut le courage de fermer sa porte.

— Oh! mon Dieu! mon Dieu! dit Paul.

Et il tomba, assis sur l'escalier du faux pont, sa tête cachée dans ses mains. Puis comme frappé d'une idée subite :

— Au moins Alice m'entendra peut-être, dit-il.

Et il disparut.

CHAPITRE V.

AMOUR.

> Belle comme la première femme souriant à cet aimable et dangereux serpent dont l'emblème était déjà gravé dans son cœur, une fois séduite ; et séduisant de plus en plus à son tour.
>
> BYRON, *la Fiancée d'Abydos.*

Le commandant faisait sa partie d'échecs avec madame de Blène.

Alice était assise rêveuse dans la galerie.

Grâce à la forte préoccupation des joueurs, Paul passa presque inaperçu.

Il s'approcha d'Alice.

Elle fut frappée de sa pâleur et de son émotion.

— Grand Dieu ! Monsieur Paul ! Qu'avez-vous? lui dit-elle.

— Oh! mademoiselle Alice! dit Paul, ayez pitié de moi!

La jeune fille tressaillit. — Ayez pitié de moi! — C'était presque un aveu.

— Expliquez-vous, Monsieur Paul, répondit-elle avec intérêt. Expliquez-vous... Qu'avez-vous?

— Oh! j'ai besoin de bonheur, Mademoiselle, j'ai besoin de me rattacher à mon père... à vous... Car je sens qu'une effrayante fatalité m'entraîne et m'emporte... Oh! prouvez-moi qu'il y a du vrai dans la vie... que tout n'est pas mensonge, haine et désespoir..... Oh! aimez-moi..... Par pitié.... aimez-moi, ou je meurs!

Ce langage contrastait tellement avec le caractère de Paul, qu'Alice fut émue jusqu'au fond du cœur.

— Mais quelles horribles pensées viennent donc vous accabler Monsieur Paul? vous, si confiant dans l'avenir, si heureux, si sûr de votre bonheur?

— Oui, oui, je l'étais il y a deux heures, mais maintenant... *il* a tout changé... C'est *lui*,

lui seul !... Mais quelle affreuse puissance a-t-il donc, cet homme ?

— Mais, au nom du ciel ! de qui parlez-vous ? demanda Alice.

— De Szaffie ! répondit Paul avec un accent de terreur.

Alice frissonna de tout son corps.

—Oui, continua Paul, c'est lui, c'est Szaffie... Cet homme étrange a une éloquence si funeste... Je sentais toutes ses paroles m'arriver là, à mon âme, aiguës, pénétrantes et froides... Les leçons de mon père, les derniers vœux de ma mère, tout s'effaçait de ma pensée... Sa voix s'étendait sur tout comme un voile... Et j'étais là, haletant, éperdu, attiré vers lui... l'écoutant avec terreur et avidité... voulant fuir et ne le pouvant... sentant le poignard arriver à mon cœur, et n'ayant pas le courage de faire un mouvement pour l'éviter... Mais tout ceci est faux ; c'est un rêve, une vision... Non, le bonheur existe... car vous êtes là, mademoiselle... La vertu existe... car j'ai vu mon père... Oh ! oui, il me trompait... N'est-ce pas, qu'il me trompait, quand il me disait qu'il n'y avait pas de bonheur sur la terre ?... Il y en aurait tant pour moi si... — Vous m'aimez, car... — Tenez, Mademoiselle, je n'ai plus la force de vous le cacher ; je vous aime ; oh ! je vous aime! Que cet aveu ne vous irrite pas... Pardon ! dit le pauvre enfant, oh ! pardon ! cet aveu, je ne vous l'aurais peut-être jamais fait... Mais je souffre tant... Oh ! tenez, prenez cet anneau... c'est celui qui tomba de la main de ma mère quand elle m'embrassa pour la dernière fois... Oh ! prenez-le ! C'est mon trésor... C'est mon bien le plus précieux ; et ne doit-il pas être à vous, si vous m'aimez ?... dit-il en le lui offrant avec une timidité charmante.

— Alice ! Alice ! dit madame de Blène, viens donc décider entre le commandant et moi.

— Paul, mon ami, alors vous viendrez à mon secours, dit le bon marquis.

Ces mots rappelèrent Paul à lui ; Alice prit l'anneau en tremblant, le mit à son doigt, jeta sur Paul un regard enchanteur et entra dans la grand'chambre. . . . .

. . . .

Et la nuit, bercée dans son lit, Alice ne dormait pas. Son cœur battait; elle éprouvait un sentiment d'angoisse et de douleur inexplicable, et se disait avec effroi : —Quelle infernale influence a-t-*il* donc? Avoir d'un mot changé l'âme de Paul! Cette âme formée par l'amour d'un père, épurée par les vœux d'une mère mourante... Quelle puissance!

CHAPITRE VI.

AMOUR ET HAINE.

> Mais c'est dans le malheur que l'amour se révèle.
> Mme E. de Girardin, *Il m'aimait.*

Oh! que la nuit est belle sur les flots assoupis de la Méditerranée! La nuit, alors que le navire insouciant laisse flotter ses grandes voiles blanches au souffle indécis d'une brise expirante! alors que la mer le balance comme un enfant au berceau! alors que les étoiles brillent sur le fond bleu des vagues comme autant de paillettes d'or tombées du ciel! alors que la lune sillonne au loin ses reflets d'une lumière éblouissante et nacrée!

Et le silence de ces nuits, que je l'aime!... Que j'aime le sourd et mélancolique murmure de la mer qui dort! Que j'aime à entendre l'aspiration éloignée du cachalot qui vient jouer sur les ondes et lancer de brillants jets d'eau tout blanchissants d'écume! Que j'aime le sillage harmonieux du navire, qui bruit faible et doux comme des feuilles sèches sous les pas légers d'une femme!

Que j'aime à voir la *Salamandre* s'avancer silencieuse au milieu de ces imposantes harmonies de la mer et des cieux!

Que j'aime à voir sur le couronnement de la corvette, Alice, vêtue de blanc, qui seule, immobile au milieu des ombres transparentes de la nuit, laisse errer au loin son humide regard!

La journée de la veille lui paraissait un songe.

Et elle y rêvait.

— Paul m'aime! pensait-elle. Il m'aime, il me l'a avoué. Et cet aveu qui doit toujours irriter, m'a-t-on dit, ne m'a laissé qu'une impression douce et calme. — Aimer! n'est-ce donc que cela? — Est-ce que je l'aime, lui? Oh! oui! je le crois, car sa figure est si douce;

il est si bon, si brave, si noble; il aime tant son père! Il se souvient tant de sa mère! Quand il m'en parle, sa voix est si touchante, si pénétrée!... Et me parler de mère, à moi, c'est remuer tout ce que j'ai de tristesse et de mélancolie dans l'âme. Et puis cet anneau, c'était à sa mère. Il me l'a donné, parce qu'il m'aime et que je l'aime; — car enfin je l'aime, — oui. Et je pensais pourtant que ce mot bouleversait tout notre être. Je croyais que ce mot changeait not e vie, nos sens, changeait tout, tout, jusqu'à notre langage; tout, jusqu'à l'air que nous respirions, jusqu'à la nature que nous voyions. Et pourtant je ne sens en moi aucun changement: je vis, je respire comme avant; c'est le même ciel, ce sont les mêmes eaux. C'est toujours moi, je me touche, c'est toujours moi... Alice. — Et je l'aime! — oui, car pour lui je n'ai que des vœux de bonheur. Si je pense à son avenir, c'est pour prier Dieu de le lui rendre calme et prospère... Et hier, combien je souffrais de le voir chagrin! de voir ce pauvre enfant, si pur et si heureux, souffrant et abattu par l'influence de...

Et ici Alice s'arrêta, rougit, et resta un moment pensive. Puis elle reprit :

— Oui, oui, je l'aime, je le vois bien, en comparant ce que j'éprouve pour les autres à ce que je ressens pour lui. Enfin ce jeune enseigne est beau comme Paul, brave comme lui ; mais il n'a rien dans le cœur, mais c'est une âme vulgaire et commune... Aussi, bonheur ou malheur pour lui, peu m'importe. Sa voix m'est indifférente, et j'aime la voix de Paul. Il ne me laisse ni un souvenir ni un regret ; au lieu que j'aime à voir Paul, à être près de lui... J'aime sa présence, à lui, tandis que...

Ici Alice s'arrêta de nouveau ; car, par une crainte inexplicable, deux fois elle avait fui devant une idée à laquelle elle revenait involontairement.

— Eh bien ! après tout, reprit-elle comme surmontant un sentiment de honte envers elle-même, pourquoi donc reculerais-je devant cette pensée? Eh bien ! oui... il est un être que je hais ; sa vue me fait mal, sa voix m'irrite ; je le hais, oh ! oui, je le hais !... Et que je voudrais aimer Paul autant que je le hais, *lui!*

Et ses joues étaient brûlantes, et elle respirait à peine.

— Oh! c'est la haine qui change le cœur bien mieux que l'amour! C'est la haine que j'ai pour *lui* qui m'a changée! Quand je pense..... à *lui*, ce ciel me paraît triste et sombre; cette mer, lugubre. Enfin, si moi, moi craintive et timide, si je pense à *lui*, c'est pour le maudire. Et pourtant que m'a-t-il fait? Je ne sais. Mais ses égards me fatiguent, sa politesse exquise et froide me blesse et me torture... Il est si haut, si fier, *lui*, et Paul est si bon; et puis ses éternels sarcasmes contre les hommes, les femmes; ses plaisanteries amères sur le bonheur et l'amour. Que me fait tout cela, à moi? Et ses regards ont une expression si sévère... Car je le regarde... et c'est malgré moi : c'est en me maudissant *lui* et moi. Et sa figure pâle et triste me suit partout... depuis que je l'ai vu, depuis que je le hais!

Oui, il était là, appuyé sur cette échelle,

quand je suis montée sur le pont pour la première fois. — Il avait l'air sombre et pensif ; il m'a saluée profondément, et jamais je n'oublierai l'expression de ses grands yeux, qui se sont arrêtés un instant sur moi... pour ne plus s'y fixer depuis. Jamais je n'oublierai l'expression de ce regard long, arrêté, profond, — que j'ai senti presque physiquement...

Et, je me le rappelle, Paul fut étonné comme moi de ce qu'il y avait d'étrange et de peu commun dans cet homme. Je dis à Paul combien son abord m'avait frappé. Il avait éprouvé la même impression que moi. Et chaque jour depuis... oh ! chaque jour ma haine s'est augmentée. Oh ! je donnerais la moitié de mon existence pour quitter ce bâtiment, pour être arrivée, pour ne plus le voir... jamais... ne plus le voir ! Mais, mon Dieu ! l'oublierai-je !

Et Alice tomba dans une douloureuse rêverie. . . . .

— Seriez-vous souffrante ? Mademoiselle, dit une voix douce.

Et Alice frissonna. C'était lui, c'était Szaffie.

Pour la première fois, il lui parlait à elle, à elle seule; pour la première fois, sa voix avait un accent d'intérêt pour elle.

Elle se sentit mourir; le cœur lui manqua.

CHAPITRE VII.

CROYEZ-VOUS QUE JE SOIS HEUREUSE ?

Pourtant il est parmi vous des créatures célestes.
BYRON, *Don Juan.*

Mais, hélas ! le danger n'a rien qui nous repousse ;
La voix qui nous égare est souvent la plus douce.
Mme E. DE GIRARDIN, *Magdeleine*

Il me dit, « Je vous hais » comme il dirait « Je t'aime. »
SEXTUS DELAUNAY, *Panayota*, poëme inédit.

Alice, ne pouvant surmonter son émotion, s'appuya sur le bastingage de la corvette.

— Mademoiselle, oserais-je vous offrir mon bras? dit Szaffie en s'approchant.

— Non, non, Monsieur! répondit d'abord Alice avec une expression d'effroi involontaire. Puis elle ajouta : — Mille grâces, Monsieur!

Elle voulait aller rejoindre madame de Blène. Impossible! Alice se sentait clouée là.

Szaffie salua respectueusement en entendant le refus, et dit :

— Je vois, Mademoiselle, que ma présence est importune, et que l'éloignement que je vous inspire vous empêche d'accepter de ma part même le plus léger service. Je me retire. Mais, permettez-moi, Mademoiselle, d'envoyer quelqu'un auprès de vous, car, ajouta-t-il avec un profond accent d'intérêt, vous paraissez bien souffrir. Et il me serait pénible de vous voir manquer des soins nécessaires, parce que c'est moi qui vous les offre.

— Monsieur, je me trouve mieux, beaucoup mieux. Mais je ne sais qui a pu vous autoriser à penser...

— A penser... que vous me haïssiez? *Alice*, répondit Szaffie. Mais une sympathie rarement déçue, une voix secrète qui nous avertit alors que le sentiment que nous éprouvons nous-mêmes est partagé. Et vous voyez que cet instinct ne m'a pas trompé, *Alice*.

La jeune fille croyait rêver; Szaffie l'appelait — *Alice* — tout d'abord, lui adressant la parole avec cet abandon qui n'existe qu'au bout de longues années d'intimité ou après les preuves d'une affection mutuelle. Elle ne sut que répondre. Elle se troubla, sentit son cœur battre et bondir. Mais Szaffie ne parlait plus, qu'elle écoutait encore.

Il reprit :

— Enfin j'ai su que vous me haïssiez, Alice, parce que du jour où je vous ai vue, moi aussi je vous ai haï.

Alice tressaillit.

— Oui, car vous vîntes me rappeler cruellement des émotions perdues, des croyances détruites à jamais, des songes passés de bonheur et d'amour. Oui, Alice, car vous fûtes l'ange que le damné voit du fond de l'enfer. Aussi chaque jour ma haine s'augmenta de chacune de vos perfections, de chacun de vos charmes. Oui, je vous maudis, parce que je ne puis plus aimer.

Alice pâlit.

— Il faut un cœur pour aimer, Alice; il faudrait un cœur digne du vôtre, un cœur ardent et jeune, une âme pure où votre âme, si elle s'y réfugiait, trouvât les mêmes pensées douces et consolantes, comme un oiseau du ciel qui ne quitte son nid que parce qu'il sait retrouver ailleurs le même soleil, les mêmes parfums et les mêmes fleurs! Mais dans mon âme, Alice, ajouta-t-il avec un sourire amer, oh! vous ne trouveriez que haine, mépris et incrédulité. C'est un gouffre effrayant qu'un cœur vide et desséché, Alice... Pauvre ange, vous y tomberiez abîmée dans le néant et le désespoir!

Puis, prenant la main d'Alice, dont les yeux étaient mouillés de pleurs, il continua, d'une voix douce et pénétrante :

— Mais je pense avec joie et tristesse qu'il est un avenir de bonheur pour vous. Oui, il existe, Alice, une âme sœur de la vôtre, un cœur qui peut vous rendre ce que vous lui donnerez : un enfant à l'aurore de la vie, comme vous; pur, confiant et sensible comme vous, beau comme vous. Et il vous aime. Et vous, Alice, aimez-le; il faut l'aimer...

Pourtant, Alice, si de nouvelles douleurs pouvaient avoir place dans mon cœur, elles augmenteraient comme mes jours : mais mon cœur est plein.

Car, savez-vous, enfant, ce qu'il y aurait de profonde amertume à se dire : — Le voilà donc enfin, ce bonheur ineffable, le voilà donc réalisé par d'autres que par moi, ce rêve de toute ma vie, ce rêve que je ne puis seulement plus rêver ! — Oh ! Alice, vous comprendriez ma haine, si vous souffriez ce que je souffre !

Une larme tomba sur la main d'Alice qui, respirant à peine, s'écria involontairement :

— Et qui vous dit, mon Dieu ! que je sois heureuse, moi ?

Et elle fondit en larmes, car cette scène était au-dessus de ses forces. Aussi, au moment où madame de Blène montait sur le pont, Szaffie n'eut que le temps de lui dire : — Je crois, madame, que Mademoiselle votre nièce est indisposée.

— Me voilà, me voilà, dit le bon docteur. Mais descendons en bas, car l'air du soir vous aura frappée, Mademoiselle !

CHAPITRE VIII.

LE FIANCÉ.

Le cœur !... un abîme.
POPE.

Alice, cachant ses larmes, était descendue dans sa chambre ; et, désirant être seule, avait supplié sa tante de s'éloigner, voulant dormir un peu, disait-elle.

— Oh ! malheur, malheur à moi ! murmura-t-elle, malheur à moi ! Qu'ai-je entendu ? Et je ne suis pas morte... là... à ses pieds ! — Il ne peut m'aimer, m'a-t-il dit. Il m'ordonne d'en aimer un autre ! — il ne peut m'aimer ! — Est-ce donc que mes regards lui ont appris que j'avais de l'amour pour lui ? Oh ! mon Dieu ! quel serait donc mon sort si je l'aimais, lui ? Je serais donc humiliée, repoussée, méprisée! Il faudrait donc me traîner à ses pieds et lui crier : Grâce! grâce!

Et si je l'aimais, moi, si je l'aimais de toutes les forces de mon âme; si, par une inexplicable influence, cette âme si triste et si souffrante m'attirait à elle; si j'espérais cicatriser ses plaies douloureuses; s'il y avait autant de pitié que d'amour dans mon cœur!

Il ne peut m'aimer! Et si... mais cette pensée me fait rougir, comme si une autre bouche que la mienne la proférait... Et si, par une contradiction fatale, par un affreux caprice de ma destinée, je... je l'aimais peut-être, moi, parce qu'il ne peut pas m'aimer!

Mais non, oh! non, mon Dieu! Je suis folle. Mon Dieu, pardonne-moi; l'âme créée à ton image ne peut être faite aussi basse, aussi misérable; non, c'est erreur de mon imagination; je suis malade, j'ai la fièvre, je suis folle, folle, en délire.

Car enfin Paul peut bien m'aimer, lui! Paul qu'il m'ordonne d'aimer; c'est une âme candide, bonne, noble. Je l'aimerai, oui, oui, je l'aime déjà ainsi. Paul, Paul, où êtes-vous? je n'aime que vous. Paul!

Et Alice était dans un état d'exaltation difficile à décrire.

— Alice! Alice! dit une voix basse.

La jeune fille tressaillit; cette voix venait de la fenêtre ouverte.

Paul y parut.

— Ciel! Paul! Monsieur Paul! dit-elle en s'y précipitant; comment êtes-vous là?

— Oh! Mademoiselle, n'est-ce pas ma place de chaque instant quand je suis libre! Que vous soyez ici ou non, n'y viens-je pas? Car pour moi vous êtes toujours là, vous où votre souvenir. Oh! laissez-moi là, — dit l'enfant à genoux sur le sabord.

— M'avez-vous entendu, Monsieur Paul?

— Il est donc vrai? je ne m'abusais pas; c'était votre voix; vous m'avez appelé!

Et il fut dans la chambre. Alice ne pouvait nier.

— Écoutez, Paul. Vous m'aimez?

— Vous avez l'anneau de ma mère, Mademoiselle.

— J'en suis digne, Paul : car je vous aime ! Paul je vous aime !

L'enfant fut à ses pieds.

— Écoutez-moi, dit-elle d'une voix émue et précipitée. Quoique la fortune de mon père soit considérable, quoique nous soyons bien jeunes tous deux, je suis sûre d'obtenir son consentement à notre mariage. Il faut que votre père fasse la demande de ma main à ma tante ; et elle y consentira. Alors, Paul, vous ne me quitterez pas d'un moment, vous aurez le droit de ne pas me quitter ; car nous serons fiancés ici, et vous serez près de moi, toujours toujours près de moi. Entendez-vous, Paul ? le voulez-vous ?

Paul était fou, ivre, délirant de joie. Son rêve se réalisait ; cette femme adorable qu'il devait aimer au nom des vertus de sa mère, sa croyance, son Dieu, la voilà ! c'est Alice, Alice qui lui disait : Je t'aime ; Alice qui lui disait : Je te préfère, toi, pauvre enfant. Elle l'aimait ; elle le lui disait...

Aussi, Paul ne trouva pas un mot à répondre. — A genoux devant elle, les mains jointes et serrées, on eût dit qu'il priait.

Puis un déluge de larmes vint baigner ses joues, et il ne put que dire : Oh ! Alice ! — oh ! ma mère ! tu m'as entendu !

Et Alice était haletante. Par cette démarche inouïe, inattendue, elle croyait échapper à l'amour qu'elle éprouvait pour Szaffie, sans pouvoir se rendre compte de sa violence.

Cet aveu élevait entre elle et lui une barrière qu'elle n'oserait désormais franchir. Fiancée, vouée à Paul de sa propre volonté à elle, — Il y aurait crime, infamie à le tromper, pensait-elle, et je suis incapable de tomber jusque là.

— Comment Alice ! vous m'aimez !

— Oui, je vous aime, je n'aime que vous, Paul, que vous ! Et vous m'aimez, vous ? Oh ! dites-le, ce mot ; répétez-le : que je l'entende... Oh ! vous pouvez m'aimer n'est-ce pas ? Ce mot me fait tant de bien ! Dites-moi aussi que je vous aime, que c'est de mon gré que je vous l'ai dit ; et que, si je vous avais menti, je serais infâme : entendez-vous bien, Paul? infâme... infâme !

— Je ne vous comprends pas, Alice :

— Non, non : je vous aime! N'êtes-vous pas l'époux de mon choix? votre mère et la mienne sont là-haut qui béniront notre union... Mon Paul, mon bon Paul !

Mais Paul, entendant marcher dans la galerie, baisa la main d'Alice, et disparut par le sabord.

— Au moins, dit la jeune fille, cette affreuse pensée ne m'obsédera plus, me voilà plus tranquille ; je l'*oublierai!* — Oh ! ma tante, que je souffre ! dit Alice à madame de Blène, qui entra dans sa chambre.

CHAPITRE IX.

LE RAT PASSÉ AU GRÈS.

> La vie est un voyage :
> Tâchons de l'embellir.
> *Poésies de l'empire.*

Il s'était écoulé quelques jours depuis qu'Alice avait avoué à Paul qu'elle l'aimait. Seulement elle le pria de ne pas encore parler de la demande à son père.

Mais Paul ne la quittait pas, selon son désir. Sans cesse auprès d'elle, heureux, ravi, il avait tout-à-fait oublié la conversation de Szaffie ; et la joie qui inondait son âme avait effacé les pensées cruelles et sombres qui l'avaient un instant agité.

Szaffie, lui, parut fort rarement sur le pont et même chez le commandant. Il se renferma dans sa chambre, prétextant une indisposition légère ; ce qui combla d'abord les vœux du bon docteur, qui n'attendait, on le sait, qu'après cela pour *connaître* Szaffie.

Mais l'espoir du vieux Garnier fut déçu, et Szaffie refusa ses soins.

Seulement une fois, Szaffie s'était approché d'Alice pour lui dire : — Alice, vous êtes heureuse, je le vois : vous l'*aimez*... Ne vous l'avais-je pas conseillé ! Et c'est là le bonheur, n'est-ce pas ?

Et il s'éloigna.

Alice ne répondit rien, mais elle pâlit extrêmement.

— Il me l'a conseillé ! pensait-elle. Ne croit-il pas que c'est parce qu'il me l'a dit, que j'aime Paul ? Je l'aime, parce qu'il est bon, brave et loyal... Je l'aime, parce que cet amour fait mon bonheur.

Puis, après quelques minutes de silence, joignant ses mains avec force : — Oh ! mourir ! mourir ! dit-elle en regardant le ciel.

Et, pour la première fois peut-être, les attentions de Paul lui parurent pesantes. Sa présence la gêna.

Elle aussi prétexta une indisposition pour rester dans sa chambre.

— Et vous avez tort, dit le vieux docteur ; car, voyez-vous, c'est aujourd'hui dimanche ; nous avons bal, ce soir, et ça vous aurait amusée : car nos marins dansent entre eux. C'est bien naturel, un jour consacré au plaisir.

Ceci ne décida pas Alice, qui descendit chez elle.

Et au fait, comme avait dit le docteur, ce jour était consacré au plaisir. Et une des preuves convaincantes de cette liesse était des cris perçants qui retentissaient à l'avant de la corvette.

— Grâce ! grâce ! disait une petite voix faible, tout entrecoupée de larmes.

— Passez-le au grès, le vilain rat ! passez-le au grès ! répétait-on en chœur.

— Oh ! vous me faites du mal ! continua la petite voix.

— Pourquoi donc, scélérat, n'es-tu pas venu laver ton grouin avec les autres mousses? Tu rongeais quelque chose dans la cale, hein?

— Mais, mon Dieu! sitôt que maître Buyk me l'a permis, j'y suis allé.

— C'est pas vrai! Au grès, au grès, le rat!

— Oui, oui, au grès, le rat, au grès! répétèrent en chœur une douzaine de voix au-dessus desquelles les cris aigus des mousses perçaient affreusement.

— Mon Dieu! mon Dieu! que vous ai-je donc fait, pour me faire tant de mal? cria Misère.

— Tu nous as fait que tu nous embêtes, et qu'on a bien le droit de s'amuser un peu, et que nous voulons voir de quelle couleur devient la peau d'un rat, quand on la frotte avec du grès.

Cette plaisanterie fit rire aux larmes l'auditoire, qui couvrit de bravos et de cris la voix du malheureux enfant.

Misère se débattait au milieu d'une foule de matelots et de mousses. On l'avait déshabillé en entier, sauf son pantalon, et on s'apprêtait à lui frotter le corps avec du sable et de l'étoupe *.

* Opération fort souvent réitérée à bord, et particulièrement à l'égard des novices bretons.

Enfin deux vigoureux matelots le saisirent, et tinrent immobiles ses pauvres membres si chétifs et si grêles, puis on l'étendit sur un mât de rechange.

— Tenez, tenez ! Parisien, dit le pauvre petit misérable à l'un de ses bourreaux en tremblant de frayeur, Parisien, ne me faites pas de mal, et je vous donnerai mon pain et mon vin. Je n'ai que ça, mon Dieu ! je n'ai que ça à moi: mais je vous le donnerai, si on ne me le prend pas.

—Je crois bien, vilain rat : tu irais grignoter du biscuit, dans les soutes.

Ici nouveaux rires fous.

Et on jeta sur Misère une couche de sable fin et blanc.

— Oh ! vous m'en jetez plein les yeux. Vous m'avez aveuglé. Grâce ! grâce ! Que vous ai-je fait, dites-le-moi ? Que vous ai-je donc fait ? mon Dieu ! mon Dieu ! mon Dieu ! — cria l'enfant d'une voix déchirante et colère.

— Frottez, frottez, maintenant, il va devenir rouge ; parce que, voyez-vous, le rat marin, c'est comme le homard : ça devient rouge à la cuisson, et ça va lui cuire, allez ! dit le Parisien.

Nouveaux rires. Et l'on commença de frotter tout le corps de Misère avec de l'étoupe imbibée d'eau de mer ; mais cette eau âcre et mordante, se mêlant à ce sable fin et tranchant, causait au malheureux une atroce douleur ; car cette boue corrosive entrait dans les écorchures qu'il faisait çà et là.

— Voulez-vous me laisser ? voulez-vous me laisser ? hurla l'enfant.

— Ah ! il est encore fameux, le moussaillon ! Quand tu seras lavé, rat...

— Dieu ! Dieu ! que je souffre ! Oh ! Parisien, je vous en prie, Parisien, laissez-moi, laissez-moi ! je ferai tout ce que vous me direz de faire. Tenez ! j'en mangerai, du grès, si vous voulez, Parisien ; j'en mangerai, dites ? voulez-vous ? Mais pas ça, oh ! pas ça !..... Par pitié !..... Oh ! grâce !... Tenez ! mais voyez donc... ma poitrine est au vif !

Le frottement continua ; que dis-je ? il redoubla !

— Vous ne voulez donc pas me laisser ! Mon

Dieu ! si ma mère était là, si ma mère n'était pas morte ! dit l'enfant.

Et sa figure prit une singulière expression.

La douleur devint aiguë et nerveuse.

— Ah ! ma mère ! ma mère ! on me torture... Viens me défendre, ma mère !

Et le malheureux perdait la raison. La souffrance était au-dessus des forces de cet être si débile et si frêle.

— Ah ça, est-il bête, ce vilain rat ! Est-ce qu'il est fou ? Il n'y a pas de *rate*, ici ; entends-tu, sauvage ?

— Ah ! la voilà, ma mère, la voilà qui vient ! Faites-moi souffrir... Oh ! bien, bien ! vous me déchirez tout le corps : mais ma mère vient, et vous allez voir !

Et il riait le misérable.

— Il est fou !... Regarde donc ses yeux, Parisien, dit un matelot : on dirait du feu !

Misère était tombé, en effet, dans un de ces accès de démence qui suivaient toujours le mauvais traitement dont on l'accablait.

Ses yeux brillèrent, s'agrandirent d'une manière effroyable, devinrent fixes, et un sourire pareil au sourire sardonique du mourant retroussa ses lèvres blafardes. Les matelots le tenaient toujours, mais ils ne frottaient plus.

Misère continua :

— Ma mère, c'est moi ; entends-tu, c'est ton petit Georges, qu'ils appellent Misère? je sais bien pourquoi, et qu'ils battent toute la journée. Tu viens, n'est-ce pas? Tu m'apportes des habits, car j'ai froid ; du pain, car ils me prennent le mien, et j'ai faim... Dis? tu me réchaufferas dans ton lit, auprès de la grande cheminée? dis, ma mère, n'est-ce pas? Et puis le matin, tu me donneras du gâteau de blé noir, que tu faisais pour ton petit Georges? Et puis, le dimanche, tu me feras prier le bon Dieu, et baiser l'enfant Jésus, dis? car ici j'ai oublié de prier. Mais non, non, tu ne peux pas venir : tu es morte, toi... Comme mon père, qui est mort... Il n'y a que votre petit Georges qui ne soit pas mort. Mais on le tue un peu tous les jours, entends-tu, ma mère? Ils m'envoient à toi, à toi !

Et Misère ferma les yeux.

Les matelots se regardèrent. Leur conduite

n'était pas dictée par une atrocité froide, c'était gaîté brutale. Ils jouaient avec ce malheureux comme un enfant joue avec un pauvre oiseau qu'il martyrise.

Ceux qui tenaient Misère avaient les larmes aux yeux ; ils le lâchèrent, et l'assirent sur la drôme.

Ce mouvement rappela l'enfant à lui, sans le rendre à la raison. Il se releva d'un bond; et tournant comme un bateleur avec une étonnante rapidité, il se mit à crier d'une petite voix aiguë :

— Le rat... le rat... a de bonnes dents... Il a rongé, rongé la noix, rongé... rongé.

Et il faisait claquer ses dents les unes contre les autres avec une incroyable vivacité.

Puis, toujours tournant, il arriva au panneau de l'avant, se jeta au bout d'une corde, et disparut.

Quelques minutes encore, on entendit ces mots, pendant que Misère disparaissait dans les profondeurs de la cale.

— Rongée, rongée, la noix... Rongée, car le rat a de bonnes dents, rongée...

Puis la voix s'éteignit. C'est que Misère était arrivé au fond de la cale.

Quoique le malheureux fût dans un état de démence complète, pourtant une idée fixe, une idée de vengeance le dominait; et, pour l'exécution de cette idée seulement, il paraissait avoir conservé toute sa raison.

Or Misère se glissa dans une soute ; et, s'approchant d'un tonneau qu'il déplaça, il s'accroupit près de la muraille de la corvette.

Et, au moyen d'une tarrière et d'une scie qu'il avait dérobées, il finit d'entamer la coque du navire, et d'y faire une ouverture de quatre pieds de long sur deux de large.

Il travaillait à ceci depuis bien longtemps ; c'était ce qu'il appelait *ronger la noix*.

A ce moment, le mince doublage de cuivre qui enveloppait le navire en dehors empêchait seul l'eau d'entrer dans la corvette.

Mais, au moyen d'un coup de ciseau donné dans la première planche de ce cuivre, les autres pouvaient se détacher immédiatement, et donner entrée aux lames qui devaient faire sombrer *la Salamandre*.

Misère prit le ciseau ; mais il s'arrêta.
Car il pensa au bal du soir.
Il attendit donc.

CHAPITRE X.

LE BAL.

En avant deux !

TOLBECQ.

Le soir, les matelots un peu ivres, très gais, très bruyants, montèrent sur le pont; puis deux Bretons de Ploërmel embouchèrent le bignoux national, espèce de cornemuse à deux becs, fort peu harmonieuse, mais aigre et criarde.

Et, pour le bal, la hiérarchie militaire avait presque entièrement disparu ; le mousse figurait modestement face à face avec le quartier-maître, qui l'avait souvent châtié ; les novices recevaient les soins empressés des gabiers, et maître La Joie lui-même, avec une gravité singulière, lançait des pas de bourrées vis-à-vis de maître Bouquin, qu'il avait choisi pour danseuse, et que, dans un accès de gaîté surprenante, il appelait joyeusement madame *Bouquine*.

Quelques vieux, vieux flambarts qui n'aimaient plus la danse, ou qui ne trouvaient pas les danseuses à leur goût, contemplaient ce spectacle, accroupis sur les bastingages, fumant leur pipe, et pour toute conversation se renvoyaient d'effroyables bouffées de tabac alternativement par la bouche et par le nez.

Le bon commandant souriait à ce tableau pastoral, content de la gaîté de ces braves gens, et seulement contrarié d'être agrafé dans son uniforme.

— Gageons, Pierre, dit le vieux Garnier au lieutenant, gageons que j'invite le commissaire à danser.

— Vous n'êtes pas galant, docteur, dit madame de Blène.

— Oh! Madame, je suis trop vieux, et je laisse cet honneur au commandant ou au premier lieutenant.

— Oh! vous voyez, commandant, dit madame de Blène, il faut envier le bonheur de la médiocrité ; car, si le pouvoir a ses charmes, il a aussi ses ennuis.

— Madame, répondit le marquis, se rappelant la galanterie du dernier siècle ; Madame, en attendant les ennuis je jouis des charmes.

Et il lui prit galamment la main.

— Oh ! quelle folie, commandant ! danser à notre âge...

— Le cœur ne vieillit pas, objecta spirituellement M. de Longetour.

— Le cœur, bien, commandant ; le cœur... mais il s'agit des jambes.

— Oui, mais vous donnez du cœur aux jambes, riposta le marquis avec cette piquante étourderie qui rappelait les beaux jours du maréchal de Mirepoix.

Il n'y avait rien à répondre à cela ; il fallait se rendre... Madame de Blène se rendit.

— Mais vraiment, commandant, je refuse ; ma nièce est souffrante...

— Du tout, dit le doćteur ; je viens de chez le commandant, j'ai écouté à sa porte, et elle dort... elle dort parfaitement. Ainsi, Madame, pas d'excuse... — Commissaire, voulez-vous me faire l'honneur de danser cette contredanse avec moi?

— Allons donc, vous plaisantez, dit le commissaire.

— Mais du tout; il faut bien faire un vis-à-vis au commandant et à Madame... et vous êtes fort bien. Oui, commissaire; il ne vous manque, par exemple, qu'un bolivar et des marabouts.

— Mais, j'y pense, dit Merval, si on réveillait mademoiselle Alice.

— Au fait, dit le bon lieutenant qui cherchait Paul des yeux.

A ce moment le bignoux avait cessé sa musique discordante, les danseurs reprenaient haleine, et il régnait un de ces brusques silences qui surprennent quelquefois les assemblées les plus tumultueuses.

Alors on entendit un éclat de rire grêle, mordant, qui semblait venir du ciel.

Puis ces mots tombèrent du haut des mâts:

— Ah... ah... ah... le rat a de bonnes dents; il a rongé... rongé la noix : la noix est rongée ; gare au trou... Le rat avait de bonnes dents.

L'équipage, l'état-major, tout le monde resta pétrifié, tâchant de découvrir de quel endroit venait cette voix étrange.

Puis on entendit comme le bruit d'un poids assez lourd qui tombait à la mer. Le lieutenant courut au couronnement, regarda et s'écria :

— Un homme à la mer... Puis, immédiatement après, avec le plus grand sang-froid : — Aux pompes ! Gréez, les pompes !

Il est impossible de décrire l'effet que produisirent ces paroles, répétées de bouche en bouche.

— Aux pompes ! aux pompes ! cria encore le lieutenant en se précipitant vers l'avant. — Voulez-vous donc couler sans avoir essayé d'échapper à la mort ?

A peine ces mots étaient-ils prononcés, que le calier, maître Buyk, parut sur le pont.

— Il y a, cria-t-il, quatre pieds de bordage en dérive, et la cale s'emplit !

— Aux pompes... tout le monde aux pompes ! répéta le lieutenant. Les embarcations à la mer, et peine de mort pour le premier qui abandonnera le navire avant son tour.

Cette voix connue et le sifflet de maître La Joie mirent autant d'ordre qu'on en pouvait espérer ; les pompes furent mises en jeu, et on s'occupa de mettre les embarcations à la mer. A ce moment, Paul allait quitter le pont; son père l'aperçut.

— A votre poste, Monsieur... A l'avant ! lui dit-il.

— Mais, mon père; Alice...

— Monsieur ! m'entendez-vous ? répéta Pierre d'une voix tonnante.

Paul ne put répondre un mot; et, entraîné par cette habitude d'obéissance passive, il courut à son poste. Il rencontra la tante d'Alice, madame de Blène, qui faisait tous ses efforts pour rompre la couche épaisse de matelots qui lui barraient le passage. Ces braves se pendaient aux cordes des pompes.

— Vous ne pouvez passer, Madame, lui dit-il.

—Mais au nom du ciel ! ma nièce... Alice...

—Elle est en sûreté, Madame ! Si la corvette coule, on sauvera d'abord les femmes.

— Mais, mon Dieu ! mon Dieu ! je veux la voir, je veux passer.

— C'est impossible, Madame : vous arrêteriez le service, et le peu de chance de salut que nous avons dépend des pompes. — Allons, allons, mes garçons, courage, dit Paul en donnant l'exemple d'une prodigieuse activité.

Le lieutenant, son porte-voix à la main, était calme au milieu de cet affreux danger ; de minute en minute il se penchait pour voir les progrès de l'eau qui gagnait déjà la batterie, et de temps à autre donnait les ordres nécessaires pour éviter la confusion.

Et cet admirable équipage avait été si bien habitué par lui à une exacte et sévère discipline, que cette manœuvre, d'où dépendait la vie de tous, était faite avec autant de silence, de sang-froid que s'il se fût agi d'un simple exercice.

Le lieutenant, absorbé par une surveillance de toutes les secondes, n'avait pu s'occuper du commandant, qui perdait la tête et était complètement démoralisé.

Pierre chercha des yeux l'ex-débitant. On venait alors de mettre la yole à la mer. Le marquis s'en étant aperçu, enjambait déjà le plat-bord pour s'y jeter, lorsque Pierre l'arrêta par un pan de son habit.

— Où allez-vous donc, Monsieur? lui dit-il.

—Parbleu! je me sauve, vous le voyez bien. Lâchez-moi donc, nous coulons.

— Misérable ! murmura le lieutenant en le ramenant de force sur le pont.

— Je suis votre commandant, et je vous ordonne de me laisser, reprit l'autre en se débattant.

— Mais tu ne sais donc pas, malheureux, que le premier homme qui abandonne le bord avant les femmes et les mousses, est puni de mort? Tu ne sais donc pas que le commandant est le dernier, entends-tu, le dernier qui doive quitter son bâtiment?

— Mais je ne veux pas mourir, moi! Eh bien! oui, j'ai peur, là ! je suis indigne de commander ; je donne ma démission. Laissez-moi me sauver! répondit le marquis.

Et l'ex-débitant tâchait d'échapper aux mains

de Pierre, qui tremblait que l'équipage ne s'aperçût de ce débat.

— Sauve qui peut! sauve qui peut! cria enfin le marquis en délire à un moment où la corvette s'inclina et parut s'abîmer.

— Tais-toi! dit Pierre en mettant violemment la main sur la bouche du marquis; tais-toi, infâme! Ce cri de lâcheté est toujours puni de mort! Il va l'être, car je t'ai promis que tu ne déshonorerais pas tes épaulettes!

Et Pierre, exaspéré, furieux, tira son poignard pour en frapper le commandant. Heureusement la lame glissa, et ne fit qu'effleurer le bras du vieillard.

— Lieutenant, eh bien! lieutenant! dit La Joie en se précipitant sur Pierre.

— Le misérable veut m'assassiner! cria le marquis pâle et tremblant.

Pierre revint à lui, et continua, avec un accent de colère simulée :

— Pourquoi, aussi, commandant, ne voulez-vous pas sauver mon fils, et lui donner l'ordre de s'embarquer dans la yole?

Par cet admirable mensonge, par cette in-

terprétation naturelle donnée à sa conduite, Pierre sauvait l'honneur de son commandant, mais il se perdait.

— Mais vous savez, lieutenant, que les officiers s'embarquent toujours les derniers, et M. Paul est officier, dit La Joie en tenant toujours Pierre par le milieu du corps.

— Retirez-vous, maître, dit Pierre à La Joie en paraissant se remettre; mon amour pour mon fils m'a emporté. Je suis coupable, commandant, je me résigne à mon sort. Voici mon poignard.

Le marquis, stupéfait, prit machinalement le poignard.

A ce moment, maître Bouquin accourut tout essoufflé.

— Commandant, c'est au plus si les pompes franchisssent, lui dit-il.

Maître Buyk, après s'être affalé le long du bord, tâche de clouer une plaque de plomb sur la voie d'eau.

— Voici les ordres du commandant, reprit froidement Pierre : que les pompes ne s'arrêtent pas. Monsieur Merval, faites brasser le grand hunier sur le mât ; nous allons mettre en panne pour nous reconnaître un peu. Faites continuer les préparatifs que l'on a commencés pour mettre la chaloupe à la mer, monsieur Bidaud, et allez à la cale, voir ce que l'on gagne d'eau. Maître Bouquin, que l'ordre règne dans la batterie; faites veiller des hommes aux palans. Si la circonstance l'exigeait, nous nous allégerions de notre artillerie, et vous, maître Calfat, entendez-vous avec le maître charpentier pour remédier au plus tôt à cette avarie.

Et ces détails, arrêtés, minutieux, ces ordres précis et exacts, étaient donnés de sa voix ordinaire sans la plus légère émotion.

Mais le danger paraissait toujours imminent.

CHAPITRE XI.

NAUFRAGE.

Une occasion, mon cher Tom.
BYRON, *Mémoires*.

Non, le feu du ciel n'est pas plus vif ni plus prompt que celui qui vint à l'instant m'embraser.
ROUSSEAU, *Julie*.

Après avoir longtemps pleuré, charmée, obsédée par le souvenir de Szaffie qu'elle ne pouvait fuir, maudissant l'amour profond qu'elle ressentait pour lui; ayant vingt fois invoqué la mort, Alice s'était endormie, abattue, brisée par la douleur.

Éveillée par le tumulte qui régnait sur le pont, elle entendit ces mots affreux : — La corvette périt... nous coulons.

— Mon Dieu! qu'est-ce que cela? s'écria-t-elle en se levant à demi.

La porte de sa chambre s'ouvrit.

— Au nom du ciel! ma tante!

C'était Szaffie.

Il ferma la porte, puis :

— Nous sommes perdus, Alice ; avant dix minutes, la corvette sera engloutie.

— Que dites-vous ?

— Une voie d'eau vient de se déclarer ; nous périssons, voyez!

En effet, le sabord qui ordinairement s'élevait à deux pieds hors de l'eau, était descendu d'un pied et s'abaissait encore.

— C'est vrai, nous allons mourir ! dit Alice pensive.

Et ses joues devinrent pourpres, et un éclair brilla dans ses yeux humides de leurs dernières larmes.

— Mourir! dit-elle encore, le ciel m'a donc entendue!

Et son visage rayonna.

Szaffie, s'approchant d'elle, prit ses mains brûlantes dans les siennes.

— Et c'est parce que nous allons mourir, Alice, que je suis venu pour mourir près de toi. Et je donnerais ma vie pour cette mort... dût ma vie recommencer longue et prospère.

A ce moment, un effroyable cri d'angoisse retentit sur le pont, et le sabord s'abaissa jusqu'au niveau de la mer.

— Entends-tu, Alice? dit-il en la serrant contre lui avec passion.

— Oh ! j'entends bien, Szaffie. Je vais donc mourir enfin, et avec vous !

— Oui, avec moi.

Et sa bouche s'attacha sur la bouche d'Alice.

A cette impression profonde, électrique, à ce baiser mordant, la tête d'Alice se perdit. Le feu lui resta aux lèvres, tout son être se concentra sous cette caresse ardente, et elle tomba anéantie dans les bras de Szaffie.

— Oh ! bénie soit la mort qui vient ! murmurait-elle; si elle me donne le temps et la force de t'avouer que je t'aime, Szaffie, que je t'aime, toi qui ne peux plus aimer; mais au bord de la tombe on peut faire cet aveu sans être infâme, n'est-ce pas?

Oh ! Alice ! Et il la couvrait de baisers délirants. — L'amour, le bonheur, nous aura tués avant la mort qui vient.

— Oui ; mais, avant de mourir ; crois-tu que j'aie le temps de te faire oublier une de tes douleurs, d'effacer un de tes chagrins, à toi que j'adore et que je croyais haïr? Te haïr! toi, mon démon et mon ange ; toi, mes larmes et ma joie, toi! Oh! dis que tu ne souffres plus, dis que tu me pardonnes ma haine. Car ma haine, reprit-elle avec exaltation, ma haine, mais je la comprends maintenant, mais c'était de l'amour brûlant et comprimé ; mon âme, mon Szaffie, c'était de l'amour. entends-tu bien? de l'amour!

— Et moi aussi, Alice, mon Alice, ma haine c'était de l'amour, c'était la rage de ne pouvoir dévorer de baisers tes yeux, ta bouche, tes cheveux, toi, toi, tout toi, Alice!

Et Alice, frémissante, enivrée, se tordait sous les caresses passionnées de Szaffie.

— Oh! Szaffie, soupirait-elle d'une voix éteinte, tu l'as dit : ces ardentes voluptés m'auront tuée avant les flots, merci au ciel.

— Oui, Alice, merci au ciel ou à l'enfer.

— Le ciel et l'enfer, c'est toi, Szaffie; car tu m'enivres et tu ne m'aimes pas, mon amour !...

Mais que m'importe? je t'aime, moi, je meurs avec toi : oh ! mais j'aurais voulu mourir pour toi. Veux-tu que je me perde à jamais pour toi, Dis? Veux-tu que je blasphème Dieu à ce moment terrible? Veux-tu que pour toi je me damne pour l'éternité? Croiras-tu que je t'aime après cela? dit Alice les dents serrées.

— Oui, dit Szaffie en se dressant avec une effroyable expression d'ironie, oui, blasphème blasphème !

A ce moment une nappe d'eau déferla dans la chambre par le sabord.

— Oh! Szaffie! s'écria Alice épouvantée. Et elle l'étreignit violemment de ses deux bras, colla sa bouche à la sienne, tomba dans un spasme nerveux, et s'évanouit.

Szaffie l'emporta rapidement dans la batterie; puis s'arrêtant :

— J'espère, malgré tout, qu'il n'y a aucun danger pour nous ; du moins le lieutenant m'avait bien assuré qu'il n'en existait plus quand je suis descendu chez elle.

Puis la regardant avec un sourire :

— Encore une qui à son réveil ne croira plus à l'amour ; — *verra vrai*. — que de chagrins je lui épargne ! Désabusée si jeune !... Quel avenir de coquetterie, si elle comprend sa position ! Mais où trouver madame de Blène pour lui remettre ce précieux fardeau ?

CHAPITRE XII.

LE JOURNAL.

Sancta simplicitas! Il n'est pas question de cela. Témoignez, sans en plus savoir.

GŒTHE, *Faust.*

Si le nez de Cléopâtre eût été plus court, toute la face de la terre aurait changé.

PASCAL, *Pensées.*

En effet, quand Szaffie descendit chez Alice, les pompes commençaient à franchir; on avait réussi à fermer les fenêtres de l'arrière, et l'on avait fait incliner la corvette sur le flanc opposé à la partie attaquée, afin de remédier à l'avarie. Au bout d'une heure, le calme étant rétabli à bord, *la Salamandre* en bonne route, Pierre donna ses dernières instructions à Merval, et descendit chez le marquis.

A sa vue, le commandant eut un cruel serrement de cœur.

— Monsieur, lui dit Pierre, pardonnez-moi, car j'ai été sur le point de commettre un crime mais vous l'avez voulu.....

Le bon Longetour, se levant, répondit : — Vous auriez dû respecter mes cheveux gris, lieutenant, seulement mes cheveux gris ; car je sens bien que, comme commandant, je ne mérite que votre mépris ; que vous faites tout ce que vous pouvez pour excuser mes bévues aux yeux de l'équipage. Je sais que, grâce à vous, je passe même pour entendre quelque chose à mon affaire ; qu'au moment même où ma lâcheté vous révoltait, vous vous êtes sacrifié pour moi : je sais tout cela, mon ami : aussi je dois excuser un moment de vivacité... Donnez-moi donc votre main ;... allons et n'en parlons plus.

— En vérité, Monsieur, dit Pierre en lui serrant la main, je n'ai pas le courage de vous en vouloir ; et, pourtant, savez-vous ce dont vous serez cause ?

— Non, mon ami ; du tout; du tout.

— Grâce à vous, Monsieur, mon enfant, mon pauvre Paul sera bientôt orphelin.

— Grand Dieu ! Expliquez-vous.

— Voulez-vous lire ceci ? dit Pierre en présentant au marquis un livret de marin.

Le commandant prit et commença :

« Tout officier qui, dans un combat ou dans un naufrage, refusera d'exécuter un ordre du commandant ;

« Tout officier qui portera l'épée ou la main sur son supérieur pendant le service, sera... »

Le commandant ne put achever, pâlit, et fut obligé de s'appuyer sur le dos de son siége. Pierre reprit le livret et continua sans émotion :

« Cet officier sera *puni de mort.* » Et il posa le livret sur la table.

Le commandant tomba anéanti dans son fauteuil ; Pierre croisa ses bras et lui dit ;

— Vous voyez, Monsieur : la loi est formelle à cet égard. Or j'ai porté mon poignard sur vous ; tranchons le mot, j'ai voulu vous assassiner, vous, commandant du navire, en plein pont, à la vue de tout l'équipage, dans un de ces moments où il faut que la discipline la plus sévère, la plus absolue, règne à bord. Je vous le répète, la loi est formelle : *Peine de mort !*

— Mais c'est impossible ; mais, excepté La Joie, personne ne vous a peut-être vu.... mais d'ailleurs je ne porterai pas plainte. Ainsi....

— Tout s'est passé devant nos matelots ; et vous ne porteriez pas plaiute, que le bruit public m'accuserait, que moi-même, Monsieur, je me constituerais prisonnier.

— Et moi, Monsieur, je dirais hautement au conseil : Tout ceci est arrivé parce que je me suis conduit comme un lâche, parce que j'ai voulu abandonner mon bord, et mon lieutenant s'y est opposé ; c'est donc moi qui mérite la mort. Car enfin je n'ai pas l'habitude du feu ni de l'eau, c'est vrai ! s'cria le digne marquis en se levant ; j'ai peur d'un naufrage ou d'un boulet, c'est encore vrai ; mais il ne sera pas dit que j'aurai été assez misérable pour laisser fusiller un brave militaire, un père de famille, un loyal marin comme vous, Pierre.

Et, pour péroraison, l'excellent homme se

jeta tout en larmes dans les bras du lieutenant, qui, tout ému, lui répondit :

— Remettez-vous, commandant. Vous êtes bon, sensible : vous avez des qualités que je respecte ; dans toutes les positions du monde, excepté dans celle de capitaine de frégate, vous seriez très-bien, très-honorablement placé. Enfin c'est un malheur, la faute est faite : il n'y a aucun remède. Mais je vous jure, sur Dieu et l'honneur, que je n'aurai pas dans le cœur le moindre sentiment de haine contre vous à mon dernier moment.

— Mon Dieu ! mon Dieu ! disait le bon commandant en pleurant à chaudes larmes ; malheur, malheur à moi ! — Encore une fois, Pierre, reprit le marquis en essuyant ses pleurs, ce ne sera pas, ça ne peut pas être.

Pour toute réponse, Pierre prit le journal du commandant, et écrivit ce qui suit :

— Aujourd'hui, le nommé Huet (Pierre), âgé de quarante-deux ans, né à Quimperlé, chevalier de la Légion-d'Honneur, lieutenant de vaisseau, embarqué comme mon second à bord de la corvette de S. M. *la Salamandre*, s'étant oublié jusqu'à porter un coup de poignard à moi capitaine des vaisseaux du roi, commandant ladite corvette, dans l'exercice de mes fonctions, revêtu de mon uniforme ; ce crime ayant été commis parce que je me refusais à donner l'ordre de faire sauver son fils, aspirant à bord : j'ai convoqué, pour demain, un conseil de guerre extraordinaire, afin de connaître de ce délit, et prendre des mesures convenables ; le prévenu étant en état de récidive, et ayant déjà gravement manqué à la subordination, en interrompant mon commandement en plein pont. Et j'ai ordonné provisoirement que ledit Pierre Huet cessât ses fonctions, et fût retenu prisonnier dans sa chambre jusqu'à nouvelles informations.

Fait à bord, le, etc.

Signé : le capitaine de frégate, commandant la corvette de S. M. *la Salamandre.*

Puis Pierre se leva, et dit au commandant :

— Voulez-vous signer ceci ? Je l'ai rédigé moi-même, parce que vous n'auriez pas su la forme de cette déclaration.

— Jamais, jamais, s'écria le marquis après avoir lu.

— Votre résistance est inutile ; car, à l'heure qu'il est, dit Pierre, d'après mon ordre, le lieutenant Bidaud consigne la même chose sur le journal de l'état-major, qui fait foi comme le vôtre.

— Alors, dit le maquis, je vais écrire au bas.... toute la vérité...

— Monsieur, s'écria Pierre, devenant rouge de colère, oserez-vous donc consigner l'acte de lâcheté la plus inouïe sur un des journaux de la marine française? Savez-vous que ces journaux-là, seront peut-être un jour de l'histoire, Monsieur!

— Vous y consignez bien un mensonge?

— Ce mensonge ne me déshonore pas. On pourra lire sur le journal de *la Salamandre :* — Pierre Huet, entraîné par son amour pour son enfant, s'est oublié jusqu'à frapper son commandant; il a été puni, et est mort en brave. — Mais on n'y lira pas : — Un commandant de la marine française est le seul, est le premier qui ait crié *sauve qui peut* à son bord.

Non, non, dût la foudre m'écraser à l'instant, vous n'ajouterez pas un mot, et vous signerez ceci sans tarder. Car enfin, pensez-vous, Monsieur, que depuis une heure vous parlez supplice avec un condamné à mort? Et, dit Pierre, en se calmant, j'aime mieux un autre sujet de conversation.

Le commandant signa ; il sanglotait.

— Bien, dit Pierre. Maintenant j'ai une grâce à vous demander ; c'est que mon fils ignore ce qui s'est passé, son âge l'empêche de faire partie du conseil, et je connais l'équipage, mes bons flambarts, le pauvre enfant ne saura rien avant notre arrivée à Smyrne, où se trouve la division qui fournira le conseil supérieur destiné à me juger en dernier ressort! Encore un mot, commandant ; depuis cinq ans je soutiens un vieux matelot invalide, brave et honnête homme, qui n'a que moi au monde pour s'intéresser à lui. Il se nomme Gratien, et demeure à Brest. Promettez-moi de me remplacer auprès de lui, car, sans cela, il mourrait de faim. Allons! c'est dit? adieu, commandant. Je me rends dans ma chambre ;

je dirai à Paul que vous m'avez ordonné les arrêts pour une faute de service. M. Bidaud fera la route et le point; il en est, je crois, capable.

Pierre sortit, et le marquis resta plongé dans de douloureuses réflexions.

CHAPITRE XIII.

PRESSENTIMENTS.

Hélas ! vous m'avez aujourd'hui sauvé la vie ; vous avez détourné de moi le poignard de l'assassin. Pourquoi avez-vous arrêté le coup. Toute incertitude serait finie, et, pure de tout reproche, je reposerais tranquillement dans le tombeau.

SCHILLER, *Marie Stuart.*

Hélas ! ces larmes ! si tu savais que de flots il en sera versé !

BYRON, *Caïn.*

Enfin nous voici encore une fois en route, chère et digne *Salamandre*. Tu as été, il est vrai, un peu retardée par le vouloir de Misère.

Pauvre Misère, dors en paix dans ta sépulture transparente. Ton idée était bonne, mais, enfant, tu t'es trop hâté d'en annoncer l'exécution. Deux minutes de silence, et tes projets réussissaient au gré de tes jeunes désirs. Pourquoi te jeter à la mer, ne pas attendre, ne pas rester à la cime du grand mât?

Peu à peu, tu aurais vu s'abîmer la corvette, et cette foule qui t'avait battu si souvent! cette foule que, toi faible enfant, tu dominais de la hauteur immense du grand mât et de ta vengeance! Jeunesse, amour, beauté, gloire et génie, tout s'engloutissait sous tes pieds, et toi qu'on méprisait, toi mousse, toi géant, tu contemplais d'en haut cette longue et douloureuse agonie.

Et puis le mât à son tour s'abaissant, disparaissait peu à peu. Et enfin arrivait le moment où, seul, sur l'immensité de la mer, effleurant son niveau, tu aurais paru marcher sur les flots, à l'instar de Saint-Jacques, et pu crier miracle.

Et dire pourtant que tu as maladroitement sacrifié tous ces avantages au plaisir de lancer, du haut de ton mât, je ne sais quel pitoyable jeu de mots sur une noix rongée par un rat.

Enfin, vogue, vogue, bonne *Salamandre*. Nous approchons de la côte d'Afrique, et la brise se fait.

Qui croirait, à te voir si tranquille, si calme, qu'il y a dans ton sein des passions qui fermentent, des cœurs qui se brisent, des pensées de mort, des cris et des larmes?

Mon Dieu! tout cela ne rend ni ta coque moins noire, ni ton gréement moins fin, ni ta lure moins élégante!

Qu'on s'égorge, qu'on pleure du sang, ton enveloppe, nette et froide, ne trahit rien.

Et pourtant peut-être, ainsi que ces fées des ballades si fraîches, si roses, qui vêtues d'or et d'azur, forment des danses magiques sur le lac solitaire, effleurant à peine sa surface limpide du bout de leurs pieds blancs et délicats; et qui pourtant, gonflées de rage et de fureur, se changent en larves et en goules hideuses, dès que la lune se lève sanglante derrière les noirs sapins de la forêt...

Ainsi peut-être ce monde en miniature qui, il y a peu de jours, se pressait, s'agitait; s'aimait ou se cherchait à ton bord; ces dévouements, ces amitiés, ces amours, tout cela n'attend-il peut-être aussi qu'une lune sanglante, pour fouler aux pieds, comme dans la ballade, fleurs et parfums, écharpes flottantes et brillants insignes, pour changer en cris de meurtre et de désespoir ces doux mots qu'on se dit si bas, ces protestations qu'on se fait si haut, pour changer en morsures cruelles et acérées ces douces morsures que fait une bouche caressante, et qui laissent, sur une peau satinée, des traces si chères aux amants.

Mais que dis-je, bonne *Salamandre?* Peut-être est-ce au contraire un soleil radieux et pur qui se lèvera au lieu de cet astre funèbre de la nuit;

Un soleil étincelant qui pétille et scintille sur les vagues en mille reflets brisés, rompus, ardents, éblouissants;

Un soleil bienfaisant qui réchauffe de sa lumière dorée, la nichée de petits alcyons que la mer emporte et balance dans leur nid tout tapissé des lichens verts à fleurs roses.

Car, enfin, ainsi que disait Paul à Szaffie, tout n'est pas hiver et ténèbres, il y a un printemps et un soleil aussi; ou mieux, *des compensations.*

Car si Alice est encore en proie à un spasme

nerveux et violent qui l'agite depuis que Szaffie l'a emportée mourante dans la batterie pour la confier aux soins empressés de sa tante chérie;

Si Alice, n'ayant plus sa raison, tressaille et rit douloureusement au milieu d'un effrayant délire;

Si Paul, respirant à peine, les yeux baignés de larmes, a passé le jour et la nuit entière assis à sa porte, prêtant l'oreille et sentant son cœur se briser à chaque cri convulsif que poussait la malheureuse jeune fille, qui, selon sa promesse, doit être sa fiancée, à lui l'amant de son choix, car elle doit être sa fiancée, à moins de passer pour infâme : elle l'a dit...

Si Pierre Huet, seul dans sa chambre, sa tête appuyée dans ses mains, songe que dans un mois il sera fusillé comme un criminel, parce que son supérieur s'est conduit comme un lâche;

Si le pauvre marquis, contemplant avec horreur sa position, se voit, lui bonhomme, sans méchanceté, cause de la mort de son lieutenant, qu'il aime de tout son cœur et qu'il tremble de ne pouvoir sauver... ;

Si l'équipage, muet et morne, paraît frappé d'avance du coup qui doit atteindre Pierre, Pierre que les matelots plaignent sans l'excuser, tant est enraciné chez eux, grâce aux efforts constants du lieutenant, le respect dû au chef et l'horreur de l'insubordination ;

Si ces braves gens regardent Paul d'un œil d'intérêt en suspendant la conversation commencée quand il s'approche d'eux, de façon que le pauvre enfant est le seul à bord qui ignore le sort futur de son père ;

Si le bon vieux Garnier, tout en prodiguant les soins les plus paternels à mademoiselle de Blène, se dit : — Ceci n'est pas clair ; il y a quelque infamie là-dessous ; Pierre est incapable d'avoir manqué à ce point au commandant : et cependant on l'a vu... Pauvre... pauvre Pierre ! qui aurait pensé que tu dusses finir ainsi : fusillé comme un chien !

Si le commissaire, l'enseigne Merval et Bidaud, quoique sympathisant peu à ces douleurs si généralement senties, ne pouvant échapper à cette tristesse contagieuse répandue à bord depuis les derniers événements, sont aussi taciturnes et moroses, comme pour ne pas contraster avec l'affliction générale;

Si, enfin, tant de calamités et de lugubres réflexions assombrissent l'intérieur autrefois si gai de *la Salamandre* :

Par cette loi des compensations, Szaffie est froid et impassible, et promène partout et sur tout son regard d'aigle.

Comme dans sa haine profonde il enveloppait le genre humain, tout ce qui, directement ou indirectement, affligeait le genre humain, était pour lui une joie et un sujet d'étude.

Et je ne sais par quelle infernale prévision il pressentait d'affreux événements... Le ciel était sombre et couvert; le vent commençait à siffler; la mer à mugir sourdement.

Et comme ces tigres qu'une inconcevable faculté guide et attire autour du logis des mourants, Szaffie se promenait sur le pont de la corvette, en y évoquant déjà dans sa pensée de funèbres images.

Ses pas semblaient arrêtés et lourds, comme

ceux de la statue du *commandeur de don Giovani*.

Il était pâle, et un sourire sardonique errait sur ses lèvres minces et rouges.

— Je n'ai jamais cru aux pressentiments, disait-il ; mais qui m'expliquera pourquoi j'ai la conscience d'être à la veille ou au moment de quelque effroyable catastrophe ? Chose bizarre ; j'éprouve une sensation intime, poignante, aiguë, dont je ne puis me rendre compte. . . . .

— Et si j'allais mourir... Mourir ! déjà mourir !... Ce serait affreux... Oh ! non, non ; je me fie à mon étoile. Et puis Satan en pleurerait, comme disent les bonnes gens, ajouta-t-il en riant.

CHAPITRE XIV.

THÉORIE.

Le mal que nous faisons ne nous attire pas tant de persécutions et de haine que nos bonnes qualités.

LA ROCHEFOUCAULD, *Maximes.*

Swift, n'étant ni jeune, ni beau, ni riche, ni même aimable, inspira les deux passions les plus extraordinaires dont on ait ouï parler, celles de Vanessa et de Stella.

BYRON, *Mémoires.*

La brise soufflait toujours violemment du nord, le ciel était obscur, la mer grosse, et le vent soulevait les longs cheveux bruns de Paul, qui, appuyé sur une des caronades de la batterie, paraissait abîmé dans une contemplation douloureuse.

Sa figure, ordinairement rose, calme et souriante, était d'une pâleur mortelle; des larmes séchées luisaient sur ses joues, et ses yeux ardents ne quittaient pas un anneau qu'il tenait à la main.

La tête du pauvre enfant s'égarait ; c'était l'anneau de sa mère qu'Alice venait de lui rendre en ajoutant : — Je n'en suis plus digne, Paul, oubliez-moi.

Derrière Paul, le contemplant, immobile, était Szaffie.

Il s'approcha.

— Qu'avez-vous, Paul? vous paraissez accablé.

Paul tressaillit, cacha son anneau, et répondit : — Je n'ai rien, Monsieur.

— Votre figure est altérée pourtant. Est-ce parce que le commandant a puni votre père de quelques jours d'arrêts? — Paul, on le sait, ignorait la scène du coup de poignard et ses conséquences. — Mais, reprit Szaffie, c'est une suite de la hiérarchie militaire; le lâche punit le brave, c'est dans l'ordre. Votre père se sacrifie pour ce vieillard imbécile. Car je sais tout; et, pour prix de son sacrifice, il sera peut-être perdu un jour. Mais tout cela suit la marche naturelle des choses humaines, Paul.

— C'est vrai, Monsieur ; vice, crime, infamie, voilà les seules choses qui ne trompent jamais, qu'on retrouve telles qu'on se les est figurées.

— Oh là ! Paul ! que veut dire ceci ? La sagesse vous est venue vite depuis l'autre jour, enfant.

— Oh ! c'est que maintenant, ajouta Paul avec un rire amer et poignant, c'est que maintenant je suis digne de vous comprendre. Oui, je commence à douter de tout, de moi-même.

— Paul, c'est un grand pas.

— Oui, à douter de tout, Monsieur ; à me demander s'il n'est pas impossible qu'un serment fait sur la cendre d'un mort, sur un souvenir sacré, ne soit pas.... Mais dites-moi, vous que l'expérience a dû instruire, dites-moi : pour être aimé d'une femme, ce n'est pas assez, n'est-ce pas? que d'être loyal et dévoué, de ne vivre que pour elle, de voir en elle son avenir, sa croyance, son Dieu? Ce n'est pas assez, n'est-ce pas ? Mais par pitié, répondez, répondez !

— Écoutez-moi, Paul. Supposez par la pensée un homme d'un génie immense, d'une beauté parfaite, d'une richesse royale, d'une âme sublime. Eh bien ! Paul...

— Hélas, Monsieur ! faut-il donc tout cela pour être aimé ?

— Il faut tout cela, Paul, pour se voir souvent sacrifié à un être dégradé, stupide et difforme.

— Oh ! monsieur ! c'est une cruelle raillerie.

— Je ne raille pas, je parle vrai ! Paul, il n'est pas donné aux passions de l'homme ou de la femme de s'arrêter à un terme, tel complet qu'il soit ; l'activité de l'esprit humain ne s'éteindrait pas même dans la possession d'un être idéal. Ainsi, Paul, une femme arrivant à rencontrer une perfection, ne s'en tiendra pas là : par cela même qu'elle n'aura plus rien à chercher au-dessus, elle cherchera au dessous, et se jettera dans les contrastes. Or une fois aux contrastes, les plus tranchants sont les meilleurs ; c'est l'histoire de la femme de Joconde : — car, sous un vernis de fadeur et de légèreté, il y a là une vérité bien profonde et bien vraie, soit qu'on l'applique au physique ou au moral. Avez-vous lu Joconde, Paul?

— Non Monsieur.

— Eh bien ! Joconde était un prince riche, beau, aimable et spirituel. Il quitte sa femme pour faire un voyage ; elle était encore chaude de ses baisers d'adieu qu'il revient à l'improviste, — et la trouve couchée avec un laquais crétin, idiot et difforme.

C'est, comme je vous le disais, l'irrésistible besoin des contrastes. C'est encore cet ancien symbole du fruit défendu, appliqué au moral ; c'est encore l'amour de l'imprévu, du bizarre, qui leur fait mettre des pagodes et des monstres sur leur cheminée ou dans leur lit.

— Oh ! c'est horrible ! horrible ! dit Paul en cachant sa tête dans ses mains.

— Et, je vous le répète, ce que je dis de la difformité physique, s'applique bien mieux encore à la difformité morale ; mais c'est une recherche. — Pour en revenir à l'homme complet que nous supposons, figurez-vous, Paul, notre type idéal, notre grand homme, amant passionné d'une femme jenne et belle : mais cette femme aura mille moyens de fouler aux pieds cet homme dont la supériorité l'écrase et la blessera toujours : et elle les emploiera. Car il n'y a chez la femme qu'un sentiment profond et inaltérable, c'est celui de l'amour-propre.

Songez donc, Paul, que d'un baiser elle pourra faire un sot, un crétin, plus grand que lui grand homme ; plus grand, Paul, surtout à ses yeux à lui, qui se verra sacrifié, qui verra un crétin jouir du bonheur qu'on lui refuse.

Alors, Paul, voyez les tortures, écoutez les cris, les sanglots de ce grand homme ; qui aime avec plus de frénésie encore depuis qu'on le délaisse ! Le voilà qui renie sa gloire, son nom célèbre, son génie, sa beauté, sa richesse ; le voilà qni se maudit, lui Byron, lui Bonaparte, lui Dante, lui... que sais-je moi ? Le voilà qui s'abhorre, le voilà, par l'infernal caprice de cette femme, amené, lui si grand, à donner avec délices son sang, son âme, s'il le pouvait ; pour être stupide pendant une heure, une seconde, toute sa vie ! puisque sa maîtresse aime les gens stupides, et qu'elle n'aime plus les grands hommes.

Et vous croyez, Paul, qu'il existe une femme capable de résister à la jouissance de se dire : —Par un caprice frivole, caprice né en lissant mes cheveux ou en chiffonnant une écharpe; moi, moi femme faible, obscure et sans nom, j'ai amené l'homme qui fait l'orgueil, l'éclat et la gloire d'une nation, d'un monde, d'un univers! à maudire ces dons divins, l'envie des hommes, l'admiration des autres femmes; à les maudire et à crier les mains jointes, à genoux, les yeux en larmes : Mon Dieu! mon Dieu! fais-moi donc aussi abject que tu m'as fait puissant; et elle m'aimera peut-être! — Non, non, aucune fille d'Ève ne résisterait à cette tentation; Paul!

— Mais, au nom du ciel! que faire donc? que croire?

— Un vieux vers hindou le dit : *S'attendre à tout, pour ne s'étonner de rien.*

— Mais c'est le doute, cela : c'est l'incrédulité qui ronge le cœur.

— Oui, Paul; tant qu'on a un cœur. Mais

après ? Mais quand on n'en a plus, de cœur ; quand, flétri, desséché, il est mort, insensible et froid, on défie le monde et ses déceptions : car alors ce cœur n'est plus qu'un cadavre que l'on expose aux tortures sociales, — et l'on rit.

— Mais c'est infâme ! cria Paul comme en délire. Pour être aimé, la vertu, l'honneur, l'amour, la pureté, ne sont donc rien ? Il faut donc de la corruption, des vices ?

— Oui, Paul. Le vice, le vice élégant plaît beaucoup aux femmes. Le vice suffit pour une liaison ordinaire ; mais pour une grande, une frénétique passion, une passion chaude et ardente, il faut le crime.

Une âme corrompue, insolente et sceptique les intrigue et les amuse : une âme criminelle les effraie. Or chez elles l'amour est presque toujours terreur ou curiosité. Lauzun et Richelieu pour le vice, les héroïques brigands des Calabres et de l'Espagne pour le crime, voilà mes exemples, Paul.

— Ainsi, dit Paul dont le cœur se contractait affreusement, pour être heureux avec elles...

— Oh ! Paul ! vous demandez là beaucoup. Pour être heureux, il faut voir dans la femme un fait ; par amour-propre ne posséder qu'une fois, défiant ainsi ce qu'on appelle une *trahison ;* dire après, Merci ou adieu ; et changer souvent.

— Mais si l'on aime, si l'on aime avec délire, avec passion ?

— Vous me demandez le moyen d'être heureux, Paul ? les vrais bonheurs sont négatifs, sont dans l'insensibilité morale : aussi faut-il dépouiller vite, et user, n'importe sur qui, ce superflu de passion, de délire, comme vous dites.

— Mais, au nom du ciel ! que reste-t-il donc alors ?

— Il reste des sens à satisfaire, tant qu'on a des sens ; et quand on n'en a plus, le passe-temps d'analyser de sang-froid ces êtres si inexplicables, en les faisant passer à votre gré, ou au leur, par toutes les émotions, des plus douces aux plus cuisantes ; puis, de leur raconter, après, comment votre passion n'a été qu'une étude psychologique; comment de leur âme, que vous rendiez heureuse ou souffrante, vous aviez fait un livre où vous lisiez; et que, tout étant lu, il fallait fermer le livre ou le déchirer.

Paul était dans un état impossible à décrire. Pour la seconde fois, cet homme implacable le tenait sous son infernale obsession. Mais, ce qui faisait entrer plus avant au cœur de Paul l'amertume de ces effrayants paradoxes c'était le souvenir de la conduite d'Alice et un soupçon vague, un instinct indéfinissable qui lui disait qu'elle si pure, si aimante, devait pourtant servir d'appui, d'exemple à cet atroce système; aussi, éperdu, fasciné, il tenta un dernier effort, avec cette rage froide du joueur qui, avec son dernier louis, met sa vie sur une carte.

— Monsieur! dit-il à voix basse et sourde, tenez! sortons des généralités; arrivons à une chose personnelle, à moi. Tenez, Monsieur! j'aimais une jeune fille, belle, pure et chaste. Oh! je l'aimais avec cette passion, même avec respect : car je l'aimais au nom de ma mère, Monsieur ! Comprenez-vous bien : au nom des vertus de ma mère ?

Un jour que je souffrais, oh ! je souffrais beaucoup ! j'avais besoin d'épancher ma douleur, de dire à quelqu'un : Pitié pour moi ! J'allai chez mon père. Il ne voulut pas me voir. Alors, j'allai chez elle, et vous le savez peut-être, jamais on ne désire tant d'être aimé que quand on souffre, Mon aveu s'échappa avec mes larmes, et elle ne me repoussa pas ; au contraire, quelques jours après, elle me dit : Paul, je vous aime ; Paul, c'est de mon plein gré que je vous dis que je vous aime ; Paul, c'est au nom de l'anneau de votre mère que je vous nomme mon fiancé devant Dieu ! Aussi, Paul, si je vous trompais, je serais infâme ; entendez-vous ? Paul, infâme !

Enfin, Monsieur, vous jugez de mon délire, de ma joie ; je n'osais espérer autant d'elle, moi. Je ne le lui demandais pas. Pourquoi me l'eût-elle dit, si ce n'eût pas été vrai ? Elle n'avait aucune raison pour me tromper ; n'est-ce pas ? Et pourtant, ce matin, oh ! ce matin.

Et Paul cacha sa tête dans ses mains.

— Eh bien! Paul? dit froidement Szaffie; ce matin, Alice vous rend votre anneau, et vous dit : Paul, oubliez-moi:

Paul se dressa, comme s'il eût été mordu par un serpent.

— Vous le savez?

— Oui. Ne vous ai-je pas dit que le cœur de la femme était ainsi fait? Paul, vous êtes jeune, vous avez une âme noble, confiante, pure et naïve. Vous croyez à tout, vous admirez tout; mais ici il y a un homme qui n'a plus aucune conviction consolante, qui ne croit à rien, qui ne peut aimer rien, qui hait l'humanité tout entière d'une haine implacable.

Et Szaffie semblait grandir à mesure qu'il développait ainsi son odieux caractère.

— Et tu as pensé être aimé, enfant dévoué et plein de cœur, quand il y avait près de toi un homme flétri et corrompu? Tu as pensé être aimé, quand une femme avait à choisir entre un ange ou Satan?

— Mon Dieu! mon Dieu! ma tête se crève..

Que voulez-vous dire? bégaya Paul ; quel est cet homme, ce Satan ?

— Moi !

— Vous ?

Et Paul tomba renversé sur une caronade. Puis, se selevant d'un bond, il serra violemment le bras de Szaffie, et s'écria :

— Tu mens ! ou si c'est vrai, je te tuerai !

— Enfant, dit Szaffie en se dégageant de la main de Paul, je t'instruis, je t'éclaire, je joins l'exemple au précepte ; et tu veux tuer ton bienfaiteur ! c'est mal. Voici quelqu'un, calme-toi ; songe à la réputation de *mon* Alice !

Et Szaffie entra chez le commandant.

CHAPITRE XV.

INCERTITUDE.

— En êtes-vous bien sûr, au moins ? Notre vie en dépend.

— Très sûr.

GŒTHE, *Faust*.

— Oh ! que je t'aime, mon amour ! Quelle femme ne serait pas jalouse de moi !

— Oui. Mais vous avez aimé quelque fat, j'imagine, — sans parler de votre mari — de sorte que j'ai l'honneur de succéder à un sot, et après une lutte peut-être... Mais c'est une dérision que votre amour, ma chère. Et vous avez cru au mien : c'est aussi par trop naïf.

M. S. J. *Pensées en actions.*

— Commandant ! disait le vieux Bidaud, mon estime m'éloigne de quinze lieues du banc de Térim.

— Et la mienne de deux lieues, tout au plus, commandant, reprenait Merval.

— Et ce diable de lieutenant qui me force de le mettre aux arrêts, et qui n'est pas là ! Il est vraiment d'un égoïsme trop cruel, pensait le marquis.

— Et vous, commandant, votre estime où vous met-elle?

— Mon estime?

— Oui, commandant.

Et le marquis se vouait à Satan.

— Mon estime?... Attendez donc...

— Voilà votre routier, commandant. Faut-il voir?...

— Non! non! dit vivement le marquis. Mon estime se rapporte... à celle de M. Bidaud... Oui, oui, elle s'y rapporte parfaitement.

Ma foi, tant pis! pensa-t-il. C'est le plus vieux: ce doit être le plus savant; et ça me tire d'embarras. D'ailleurs, donner gain de cause aux jeunes, c'est d'un mauvais effet.

— Ainsi, commandant, vous approuvez ma route? dit le vieux Bidaud.

— Oui, mon cher ami.

— Il suffit, commandant, répondit Merval en se retirant.

C'est à ce moment que Szaffie entra dans la chambre du commandant.

— Bonjour, commandant.

— Bonjour, mon cher passager.

— Mademoiselle de Blène va-t-elle mieux? demanda Szaffie en montrant du doigt la porte de la chambre des dames, qui communiquait dans la galerie du commandant.

— Mais le docteur dit que l'irritation nerveuse est presque calmée. C'est la peur. Elle est, du reste, bien reconnaissante de ce que vous l'avez sauvée; car, dans son délire, elle ne faisait que vous appeler. Dam! c'est que, sans vous, elle courait risque d'être noyée dans sa chambre, ajouta le bon marquis d'un air d'intérêt. Mais un bienfait n'est jamais perdu, comme on dit.

— Vous avez bien raison, commandant. Mais j'entends du bruit chez ces dames.

— C'est probablement madame de Blène qui amène sa nièce dans la galerie pour lui faire un peu prendre l'air.

En effet, Alice, pâle, souffrante, entra appuyée sur le vieux Garnier et sur le bras de sa tante.

— Doucement, doucement, disait le bon

docteur. Vous êtes encore si faible, Mademoiselle, et...

Alice poussa un cri violent de surprise. Elle venait de voir Szaffie.

Madame de Blène la retint heureusement, tourna la tête, et voyant Szaffie :

— Mon Dieu ! Monsieur, pardon ; mais votre présence a été si sensible à ma pauvre Alice.....

— Je vais me retirer, Madame.

— Non, Monsieur. Je vous doit tant, elle vous doit tant, pour le secours que vous lui avez porté, que votre vue lui sera bien douce : c'est seulement la première émotion qu'elle n'a pu surmonter.

En effet, Alice revint à elle, et son premier regard chercha Szaffie, et s'arrêta sur lui avec cette admirable expression de tristesse, de résignation, de bonheur et d'amour, qui révèle un de ces chagrins dont les femmes sont si heureuses.

Szaffie détourna les yeux, s'approcha d'elle, et s'informa de sa santé avec sa politesse accoutumée, sèche et glaciale. Pas une émotion, pas un de ces regards rapides et profonds qui disent tant de choses ; rien dans la voix, pas une larme dans les yeux ; rien, que le savoir-vivre d'un homme du monde avec une femme indifférente pour lui.

— Ce n'est plus rien, maintenant, dit le docteur. Mademoiselle est remise ; tout cela était nerveux, et sans danger. Mais permettez-moi, Madame, de vous quitter..... Mes enfants m'attendent.

Le bon docteur sortit.

— Allons, allons ! tout va bien, dit le marquis. Nous arriverons bientôt à Smyrne sans encombre. En attendant, madame de Blène, si nous faisions notre partie comme toujours? Ces diables d'événements nous ont interrompus.

— Allez, ma tante, répondit Alice, qui vit l'incertitude de madame de Blène ; je me sens très bien. D'ici je vous vois et je vous entends. Si j'ai besoin de quelque chose, je vous le dirai.

Madame de Blène alla dans la grande chambre, qui n'était séparée de la galerie que par une légère cloison, dans laquelle s'ouvraient deux portes.

Szaffie resta seul avec Alice.

— Oh ! Szaffie ! dit la jeune fille en cachant sa tête dans ses mains.

— Souffrez-vous, Mademoiselle? répondit-il avec son sang-froid de glace.

— Vous me le demandez, Szaffie? dit Alice à voix basse. Que me reste-il, maintenant?... le déshonneur.

— Ne trouvez-vous pas, Mademoiselle, que, dans le cœur des femmes, l'amour ne tient qu'une place bien secondaire? D'abord la vertu; d'abord les convenances; d'abord les devoirs; d'abord... que sais-je moi? Et puis, après tout cela, vient l'amour; et encore elles l'appellent *déshonneur*. En vérité, les femmes emploient ce qu'elles ont de plus vif dans l'esprit et dans l'âme, non à aimer, mais à organiser leurs passions, à s'arranger un amour commode et discret, une affection tranquille, qui vient à son tour, après les devoirs ou les plaisirs. Il y a un jour, une heure pour cela. On lit sur son memento : A telle heure, oublier mes devoirs de fille ou d'épouse. Cette heure passée, on se remet à adorer son mari, ou à dire : Mère, bénis ta fille !

Alice croyait rêver. Cette raillerie froide et calme la confondait. La pauvre enfant ne sut que répondre.

— Moi, reprit Szaffie, si j'avais à être aimé d'une femme, je voudrais que rien ne passât avant son amour pour moi. Cet amour, d'abord, avoué haut, au grand jour ; fille ou femme, peu m'importe. Il faudrait qu'elle sacrifiât à cet amour, réputation, convenances et vertu.

— Grand Dieu ! Szaffie, dit Alice à voix basse; est-ce donc ainsi qu'il faut vous aimer ?

— Oui, — dit Szaffie avec une expression de hauteur et de raillerie.

—Eh bien ! dit Alice, ainsi je vous aimerai, Szaffie. Oui ! reprit-elle ; et ses yeux se remplirent de larmes. — Oui, si vous le voulez, je le dirai à la face du ciel... je dirai : je l'aime; je n'aime que lui. Je me suis perdue pour lui: j'ai oublié vertu, honneur, devoirs; et maintenant son amour, c'est ma vertu, c'est mon honneur ; c'est tout moi. Oui, je le dirai, Szaffie : je suis fière d'être heureuse par lui, et méprisée pour lui ! s'écria Alice rayonnante.

Et elle prit la main de Szaffie, qu'elle voulût baiser. Il la lui retira.

— Et qui vous dit que vous seriez aimée ?... que vous êtes aimée ? lui demanda-t-il amèrement.

— Oh ! comme tu disais, Szaffie : *cet instinct qui nous avertit que notre sensation est partagée.* C'est l'amour qui me dit cela ; l'amour et le souvenir de ma faute... Non, non, Szaffie, de mon bonheur, voulais-je dire.

— Mais l'amour te trompe, jeune fille !

— Je ne vous comprends pas, Szaffie, dit Alice tremblante.

— Eh bien ! comprends-moi donc.....

Ici la porte de la galerie du commandant s'ouvrit avec fracas, et le lieutenant parut.

— Enfer ! malédiction ! dit-il ; ce misérable Bidaud a fait une erreur de calculs ! Nous devons être sur le banc Térim. Votre routier, votre routier, commandant ? vite ! vite !

Et Pierre, sans répondre aux interpellations

du marquis, d'Alice, de Szaffie, prit un compas, fit un calcul, et s'élança sur le pont.

On a dit que Pierre, confiné aux arrêts, avait remis le soin de faire la route à l'enseigne Bidaud, qu'il croyait capable. Celui-ci, soit erreur, soit ignorance, calcula mal, et se crut beaucoup plus éloigné du banc qu'on ne l'était réellement.

Pourtant, depuis deux ou trois heures, la couleur de l'eau changeait visiblement; on prenait une foule de poissons, et les longues herbes qui flottaient de toutes parts annonçaient que l'on naviguait sur un haut fond.

Paul avait été retiré de l'état de stupeur dans lequel la conversation de Szaffie l'avait plongé par maître La Joie, qui lui dit, en lui touchant respectueusement le bras :

— Monsieur Paul, je viens de lire mon flambeau de la mer, et il me dit que nous courons sur le banc Térim... Voyez donc cette eau, ces herbes... Cordieu ! monsieur Paul, le lieutenant serait mieux ici que dans sa chambre !

Paul regarda l'eau, et comprit tout le danger qui échappait aux yeux de l'enseigne Bidaud persuadé que l'on était bien loin de ce dangereux parage.

Paul, cette fois, rompit la consigne, et prévint son père, qui, effrayé, monta sur le pont, de là chez le commandant, pour s'assurer de l'effrayante position du navire.

Par son ordre, maître Bouquin avait jeté la sonde.

On faisait à bord un grand silence ; car cette épreuve était décisive.

— Eh bien! dit Pierre avec anxiété à Bouquin, penché en dehors du porte-haubans. Combien?

— Nous sommes par dix-huit brasses, lieutenant, dit le marin en retirant la sonde.

Il y eut un moment, sur la figure si impassible de Pierre, une expression rapide de douleur, de résignation, de désespoir. Pourtant il sauta sur son banc de quart, et commanda avec son sang-froid habituel.

Seulement son ton bref, pressé, impératif, annonçait que la manœuvre était d'une haute importance.

— Range à hâler bas les bonettes! cria-t-il;

et venez au vent, timonier. Bouquin, quelle est la sonde?

— Quinze brasses, lieutenant.

— Au vent, Monsieur ; tout au vent! Entendez-vous? cria-t-il avec une vivacité extraordinaire. Et il attachait des yeux ardents sur la voilure. Loffez! loffez tout.

On était sur le banc Térim. Il n'était plus temps. La corvette en loffant donna presque aussitôt un coup de talon. Elle courut encore un moment, en donna un second, enfin un troisième.

Elle s'arrêta dans un endroit où la sonde n'annonçait pas cinq mètres d'eau.

La dernière secousse répondit profondément au cœur de chacun.

CHAPITRE XVI.

LE BANC DE SABLE.

Homme immortel, admire les beautés de la nature, et dis, dans la joie de ton cœur : — Tout est à moi ! — admire-les pendant qu'il est permis à tes yeux charmés de les voir encore. Un jour viendra où elles ne t'appartiendront plus.

BYRON, *Lara*.

Voici bientôt l'homme face à face avec l'homme.

M. S. J., *Pensées diverses*.

Au premier coup de talon que donna la corvette en s'échouant sur le banc de sable, l'équipage poussa un grand cri d'étonnement.

Au second coup, on fit silence.

Au troisième, on ne cria pas, mais un sourd gémissement s'échappa de toutes les poitrines. Il y avait pourtant encore de l'espoir, dans ce long soupir.

Mais au quatrième coup, quand *la Salaman-*

dre, brusquement arrêtée au milieu de sa course, craqua dans sa membrure, désunie par les secousses profondes et sourdes qui faisaient osciller sa quille, comme le corps d'un énorme serpent qui se remue; alors un seul cri, un cri déchirant, immense, retentit au-dessus du bruit des lames qui grossissaient et venaient déferler sur les flancs de la corvette.

Et puis l'équipage se tut, car ce cri était celui de l'instinct vital qui avait prédominé un instant sur l'habitude et la volonté. Ce cri, poussé par l'homme et non par le marin, avait été la dernière expression d'une nature qui devait faire place à l'abnégation du soi, au dévouement et au sang-froid, au milieu des affreux périls que cet événement présageait.

L'équipage redevint donc calme et impassible ; le sifflet de maître La Joie retentit, et chacun se rendit à son poste, sans craindre et sans mépriser le danger.

On attendait le lieutenant, qui était descendu chez le commandant.

Alice et sa tante s'y trouvaient, et étaient dans un état de stupeur difficile à décrire.

— Mesdames, dit Pierre, tout n'est pas entièrement perdu ; mais il y a beaucoup à craindre ! Veuillez descendre dans le carré, sous la conduite du docteur.

Alice et sa tante descendirent.

— Monsieur, dit Pierre à Szaffie, le concours d'un homme de cœur ne peut qu'être fort utile dans une telle circonstance. Voulez-vous bien monter sur le pont?

— A vos ordres, Monsieur, dit Szaffie. Seulement je prends quelques papiers.

Il entra un instant dans sa chambre, prit une bourse, une boîte de vermeil assez grande, et monta sur le pont.

Pierre resta seul avec le commandant, pâle, défait, entièrement démoralisé.

— Monsieur, lui dit Pierre, par votre ignorance vous venez de faire échouer la corvette, en donnant raison à Bidaud contre Merval. La route que ce dernier officier indiquait était la seule, la bonne. Ceci n'a rien d'étonnant et devait arriver... Ah ! Monsieur ! Monsieur ! les protecteurs imprudents qui vous ont nommé vont peut-être avoir à se reprocher d'affreux malheurs. Enfin le mal est irréparable ; mais, comme je n'ai pas envie de vous voir recommencer la scène de l'autre jour, vous ne quitterez pas cette chambre.

Le bon marquis fut allégé d'un poids énorme.

— Vous allez vous coucher dans votre cadre. Je dirai qu'à la dernière secousse, un de vos meubles étant tombé vous a grièvement bles-

revêtu de son grand uniforme, comme en un jour de combat ou de fête.

Il monta sur le banc de quart.

— Enfants, dit-il, tout n'est pas désespéré ! Il faut de l'ordre dans ce que nous allons tenter pour relever la corvette. Le commandant vient d'être dangereusement blessé et ne peut paraître ; mais j'ai reçu ses instructions, et il veille sur vous. Si nos efforts ne peuvent rien, alors, ayant fait notre devoir, nous abandonnerons la corvette, en sauvant les femmes, les malades, les mousses, les novices d'abord, puis vous, puis les officiers, et moi et le commandant les derniers. Je compte sur vous, comptez sur moi.

Puis se retournant vers le timonier ;

— Maître, dit-il, hissez le grand pavillon de France !

Et le drapeau blanc déroula majestueusement ses larges plis, au milieu du profond et religieux silence de l'équipage. Pierre le montra aux marins et dit : — Mes braves matelots, pensez à cela. — Blanc ou tricolore, c'est toujours la France... Soyez-en digne. — Vive la France!

— Vive la France! cria l'équipage tout d'une voix avec l'exaltation du sang-froid, si l'on peut s'exprimer ainsi, et chacun se mit à l'œuvre.

Le banc sur lequel la corvette avait échoué, étant composé de vase et de petits coquillages, elle resta quelque temps immobile dans le sillon qu'elle y avait creusé.

Si la brise n'augmentait pas, si la mer ne devenait pas trop grosse, on pouvait donc espérer quelques chances de succès.

Aussi, grâce à l'inconcevable activité de Pierre qui paraissait se multiplier, on commença les importants travaux du sauvetage dans un morne et religieux silence. On allégea la corvette de tous ses poids, de son artillerie; les voiles furent amenées avec précipitation; on dépassa les mâts de perroquet; on recala les mâts de hune; et tout fut disposé pour retirer *la Salamandre* de ce dangereux écueil.

Le calier l'avait bien prédit. —Matelot, disait maître Bouquin à La Joie, la corvette est f.....

— Que veux-tu? répondit La Joie en faisant étalinguer un câble; que veux-tu? les corvettes, comme les matelots, c'est pas éternel; c'est comme les verres : si ça ne se cassait pas, ça durerait trop longtemps.

— Tiens, La Joie, il y a là-bas un nuage roux qui me fait loucher. Ah! le gueux, est-il vilain! C'est du vent, c'est sûr.

— Ne le regarde pas, et aide-moi à raidir l'étai de grand mât.

— Oui, matelot; mais ça porte malheur au lieutenant d'avoir voulu poignarder le commandant.

— Ça lui porte bonheur, dis donc. Comment, Bouquin! dans un naufrage il peut se noyer, et j'aime mieux ça que de le *fusiller*; c'est bon pour les soldats.

— Allons, La Joie, on a mouillé l'ancre là-bas: nous allons voir si l'on peut dégager la corvette. Ça va se décider, matelot; voilà l'instant décisive, comme dit c't autre. Et puis, comme dit l'Ottoman, si ça se fait, ça se fera;

si ça ne se fait pas, eh bien! ça ne se fera pas.

Paul, Merval, Bidaud étaient dans la batterie à l'avant, et avaient exécuté les ordres de Pierre — au moyen des câbles que l'on fit mouiller à une longue distance de *la Salamandre*, on vira au cabestan qui, faisant rappel sur les ancres, devait attirer peu à peu le navire sur la partie déclive du banc, et le remettre à flot. En effet il avança de quelques pieds.

Mais malheureusement ce fond de vase n'offrant pas de tenue aux pattes des ancres, elles ne purent y mordre; elles cédèrent, et *la Salamandre* ne bougea plus.

Pierre fit alors poser deux béquilles ou mâts de chaque côté pour la soutenir dans le cas où elle viendrait à chavirer.

Puis, voyant l'horizon se marbrer de nuages rougeâtres et rapides, il reconnut que le vent se faisait, car les lames devinrent plus creuses en déferlant sur ce haut-fond.

La Salamandre, immobile jusqu'alors, commença à ressentir quelques légères secousses que lui imprimait la force croissante des vagues.

Pierre regarda encore un moment à l'horizon, consulta la boussole, et se dit : — Tout est fini. A juger du vent, il nous reste à peine une heure pour construire un radeau, et c'est notre dernière espérance.

Ce qu'il y avait de bizarre dans cette affreuse position, c'est qu'aux yeux mêmes des marins le danger ne se présentait pas sous une forme menaçante : le ciel était encore pur, la mer assez belle, la corvette presque immobile.

Ce n'était pas enfin un de ces naufrages déchaînés et impétueux, où les lames furieuses vous emportent et vous brisent sur des rochers aigus ; non : c'était un naufrage calme et effrayant comme une colère froide, un naufrage dont il était possible de calculer les chances et les progrès avec une exactitude presque mathématique ; c'était une mort dont on pouvait préciser l'heure. On pouvait se dire : — L'horizon est à dix lieues, le grain s'y forme, dans une heure il tombera à bord ; et alors cette mer si unie se gonflera fouettée par la force du vent, déferlera sur ce haut-fond, et à chaque lame la corvette sera enlevée, puis précipitée sur le banc de toute la hauteur de ces énormes vagues. Or, au bout de dix minutes, ce sera fini de *la Salamandre.*

Ce raisonnement détermina Pierre à ordonner la construction d'un radeau.

Szaffie observait tout avec un sang-froid imperturbable, il souriait presque ; car il prévoyait quelque drame effrayant, et quoiqu'il dût y avoir son rôle comme le reste des passagers, il ne le redoutait pas, car le seul côté favorable de son affreux caractère était un courage indomptable et un profond mépris de la mort, que sa vie explique peut-être.

— Peut-être aussi, pensait-il, vais-je voir enfin la civilisation aux prises avec la nature brute, les sentiments les plus purs luttant contre l'instinct animal. Peut-être vais-je savoir à quel degré de notre échelle organique l'esprit le cède au corps, l'âme à la bête. Oh ! ceci sera bien curieux.

Et il promenait sur tout son regard pénétrant.

— Enfants, avait dit Pierre, il ne faut pas vous le cacher, il ne reste aucun moyen de sauver la corvette. Travaillons à un radeau, c'est notre seule chance de salut pour gagner la côte.

L'équipage vit clairement que tout était perdu. Il eut bien un moment de regret intime de quitter cette bonne *Salamandre* qui les berçait depuis si longtemps; mais la nécessité l'emporta, et les marins se mirent à travailler au radeau avec cette insouciance qui les caractérise. Dans le radeau, ils ne voyaient qu'un navire moins commode, voilà tout.

— J'y suis pas encore embarqué à bord d'un radeau; et vous, Parisien? demandait un novice.

— J'y suis embarqué deux fois. Une navigation superbe. De l'air, oh! une très bonne air; c'est pas comme dans ces gredins de faux-ponts où l'on étouffe. Et puis au ras de l'eau, garçon, on est au ras de l'eau; ce qui fait qu'on peut s'amuser à tirer les requins par la queue, et que de son lit on n'a qu'à allonger le bras

était sec et serré, et les lames, se brisant sur le banc, commençaient à ébranler la corvette.

Pierre pâlit, et ordonna de couper les bas mâts, pour alléger le navire.

A ce moment, le calier monta pour annoncer que la quille crevait.

En effet, les vagues, devenant de plus en plus hautes et fortes, commençaient à soulever *la Salamandre*.

D'après l'ordre de Pierre, on se jeta aux pompes.

Elles ne purent franchir.

Il ne restait aucun espoir de conserver la corvette.

Pierre ordonna le départ à l'instant.

— Et nos sacs! dirent quelques marins.

Le sac d'un matelot contient toute sa fortune, tout son avoir.

— Il s'agit bien de vos sacs! cria Pierre; je défends, à qui que ce soit, de descendre dans ce faux-pont. Tout le monde aux embarcations, à son numéro; les gabiers et chargeurs, au radeau!

Et aucun marin ne songea davantage à son sac.

— Monsieur, dit Pierre à Merval, vous allez faire embarquer d'abord les malades dans la chaloupe, puis les femmes, les mousses, les novices et les matelots. Vous donnerez une touline au grand canot, et vous remorquerez le radeau. Moi et le commandant, nous nous embarquerons les derniers dans la yole.

Puis voyant au loin la nappe d'écume qui arrivait avec le grain :

— Embarque, embarque! cria-t-il, car le temps presse.

Et ce fut un admirable spectacle que ces hommes impassibles, graves, silencieux allant rejoindre leur poste, quittant ce navire un à un, ce navire où ils laissaient tout ce qu'ils possédaient au monde, pour affronter des périls incalculables, et tout cela sans se plaindre, sans un mot de regret; allant là comme à une manœuvre, tant était absolue et entière la discipline que Pierre avait établie à bord!

Quand les embarcations furent garnies de

leurs équipages, on procéda à l'embarquement des malades.

Le vieux Garnier les accompagnait, ployant sous le faix d'une énorme caisse, dont il ne voulait charger personne. — C'était pour ses enfants, disait-il.

— Allons, allons! ajouta-t-il; allons, mes enfants! le mouvement vous fera du bien; et puis vous changerez d'air. Au total, vous y gagnez.

Et, en leur adressant ces singulières consolations, le bon docteur les arrangeait le mieux possible dans la chaloupe.

Puis parurent à la coupée Alice et sa tante, accompagnées de leurs femmes.

Chose singulière, Alice avait toute sa raison, était d'une admirable sang-froid, et encourageait sa tante. Cette organisation nerveuse et exaltée puisait sa grande énergie dans l'horreur même de cette position. Seulement, en voyant Szaffie, elle pâlit.

On amarra les femmes dans un fauteuil, et on les descendit l'une après l'autre sur le radeau.

Paul le commandait.

Le malheureux enfant, étourdi par tout ce qui venait de se passer, par l'action de son service, avait presque oublié ses chagrins. La vue d'Alice les lui rappela tous.

Son cœur se brisa ; il détourna les yeux, une larme brûlante s'en échappa.

Et Alice était assise près de lui, à le toucher.

Ce fut un moment de douleur atroce.

Le porte-voix de Pierre résonna, et on prêta l'oreille.

— Tout le monde est-il à son poste?

— Oui, lieutenant, dit Merval ; j'ai donné la touline au radeau, et j'attends vos ordres.

— Oui, lieutenant, dit Bidaud ; je remorque la chaloupe, et j'attends.

— Oui, lieutenant, dit enfin Paul ; le radeau est paré, et j'attends vos ordres pour larguer l'amarre.

— Les boussoles et les instruments y sont-ils? demanda encore le lieutenant.

— Je les ai dans la chaloupe, dit Merval.

— Avez-vous aussi le coffre des journaux ?

— Il est attaché au mât du radeau, répondit Paul.

— Eh bien ! dit Pierre, que les seconds-maîtres de chaque embarcation fassent l'appel pour s'assurer que personne ne reste à bord.

On fit l'appel ; l'équipage était complet, moins les six gabiers qui armaient la yole dans laquelle Pierre devait rejoindre le radeau.

— Range à larguer l'amarre ! cria alors Pierre d'une voix retentissante, quoique profondément émue, et Bouquin leva son couteau sur le seul cordage qui retînt encore le radeau à *la Salamandre*.

— Largue tout ! cria Pierre.

Et, le cordage tendu étant coupé, le radeau s'éloigna, remorqué par les canots.

Ce dernier commandement fut celui qui porta le plus au cœur des marins. Ce cordage était le dernier lien qui attachât leur existence à *la Salamandre ;* une fois rompu, il n'y avait plus d'espoir, tout était fini entre eux et la corvette.

Il était temps d'ailleurs, car les lames devenaient affreuses. Une, entre autres, accourant du large, s'avançait, s'avançait monstrueuse et bouillonnante, se dressant presque à la hauteur des hunes de la corvette : mais quand elle rencontra la résistance que lui opposait le banc, alors, doublant de force et de violence, elle prit la corvette en flanc, et lui donna une telle secousse qu'elle la coucha presque sur tribord, et que Pierre et ses six gabiers furent renversés sur le pont.

Pierre s'apprêtait à descendre chez le commandant, pour le délivrer et l'embarquer avec lui dans la yole. Comme il mettait le pied sur la première marche de l'escalier, il fut jeté avec tant de force sur l'angle du panneau, qu'il se fit à la tête une affreuse blessure ; et la commotion fut si forte qu'il tomba évanoui et couvert de sang.

Szaffie était resté aussi à bord, car il voulait tout voir jusqu'à la fin. Ce fut lui qui releva Pierre, banda sa plaie avec son mouchoir, et dit aux canotiers, tout émus de l'accident arrivé au lieutenant :

— Allons ! embarquons-nous : la mer devient mauvaise, le radeau est déjà loin, et nous aurons à faire pour le rallier.

On descendit le pauvre lieutenant dans la yole, que la force des lames élevait quelquefois à la hauteur des bastingages ; et Szaffie, jetant un dernier regard sur le pont, dit avec un affreux sourire :

— Ce que j'aime assez, c'est que ce bon marquis reste là. Il va bien s'ennuyer tout seul.

Et le canot s'éloigna le dernier de *la Salamandre.* Il atteignit bientôt le radeau, où l'on déposa Pierre, toujours évanoui.

Le marquis y restait oublié ; mon Dieu ! oui. Les gens de la chaloupe le croyaient dans le radeau, et les gens du radeau le croyaient dans la chaloupe.

Le fait est qu'il était à bord de *la Salamandre.*

Pauvre corvette ! Tous les yeux se tournaient vers elle, qui apparaissait encore quelquefois quand les lames s'abaissaient, se dressant, sombre et lugubre, avec son immense pavillon blanc que le vent déployait comme un linceul sur le ciel noir et orageux.

Une fois sorti des acores du banc, le radeau navigua plus facilement ; la mer était forte, mais ne brisant plus sur un haut-fond, elle était tenable.

Au bout d'une heure, on ne voyait plus la corvette; seulement, à de longs intervalles, on distinguait son pavillon, mais vague comme les ailes blanches du goëland qui vole au loin.

Puis on ne vit plus rien, car la nuit approcha, et le temps devint bien sombre, bien sombre !

CHAPITRE XVII.

NUIT D'ÉTÉ.

> C'est un esprit que le destin a déchaîné contre moi pour m'obséder. Je ne forme pas une espérance, que le serpent infernal ne se précipite sur mon passage.
>
> SCHILLER, *Marie Stuart.*

C'est une douce clarté que la clarté de la lune, quand elle se reflète brillante et pure sur l'eau paisible d'un lac, mais alors que souvent cachée par des nuages épais et rapides, elle apparaît, à de longs intervalles, rouge et sanglante, comme un sinistre météore, oh! que sa lueur funèbre est le digne flambeau d'une nuit d'orage et de désespoir!

Nuit terrible que celle-ci!...

Les flots soulevés, impétueux, noirs, marbrés d'une écume blanche, se heurtaient, se confondaient en un immense tourbillon dont les mille crêtes se dessinaient sombres sur le ciel transparent, quoique voilé, de la Méditerranée.

Et quel bruit !... Si parfois la tempête abaissait sa voix tonnante qui mourait en effleurant les vagues d'un sourd gémissement, après un affreux silence elle se prenait à rugir avec une nouvelle furie. C'étaient alors des sifflements aigus et métalliques, un grondement lourd et roulant, des éclats secs, précipités et plaintifs qui ressemblaient à des cris d'angoisse.

C'était le choc des lames qui se brisaient, bondissantes sur le radeau.

Car le radeau tournoyait sur ce gouffre béant, tournoyait au milieu de cette effroyable tourmente.

Le radeau tout seul : les embarcations non pontées, qui le remorquaient, n'avaient pu tenir contre cette mer déchaînée.

Elles avaient sombré, corps et biens, avec Merval et Bidaud et leur équipage.

sombré en engloutissant avec elles les boussoles et les vivres ! — le corps et l'âme du radeau !

Et le radeau voguait au souffle indompté de la tempête, car son mât s'était plié, rompu, brisé.

Mais ses poutres unies, son plancher n'offrant aucune résistance, aucune surface à la violence du vent, il ne pouvait couler. Seulement, à chaque coup de mer, il était entièrement inondé, submergé, balayé par les lames qui s'y abattaient et le traversaient dans toute sa longueur.

Et depuis cinq jours cette tempête durait.

Aussi, ce n'est plus l'équipage fringant, brave et soumis de la *Salamandre* qui se presse sur cette frêle machine : c'est une troupe affreuse et maudite.

Ce sont des êtres sans noms, décolorés, cadavéreux, trempés d'eau, échevelés, aux yeux sanglants et farouches, aux barbes longues, aux vêtements en lambeaux, qui ont de hideux sourires sur leurs lèvres gercées et sai-

gnantes; car depuis cinq jours aussi la faim les dévore.

Ce sont des hommes livrés à toute la fougue impérieuse de leurs besoins. Hors l'instinct vital, chez eux tout est mort.

Il n'y aurait d'espoir que dans un prompt trépas.

Mais non. La faim crispe leurs entrailles; la soif brûle leur gorge; leurs blessures, vives et rouges, sont encore avivées par l'âcreté du sel marin, ils ont la rage au cœur et le blasphème à la bouche : mais ils tiennent à la vie, ils s'y attachent des étreintes de l'agonie. Arrivés à ce point, le suicide leur est impossible ; car le suicide est un raisonnement, et ils ne raisonnent plus.

Et puis, c'est que le suicide grandit rarement au milieu des privations et de la misère... — Il lui faut des jouissances somptueuses et enivrantes, des parfums et des femmes, des fleurs et des vins exquis. Il lui faut concentrer, en un seul, tous les plaisirs rêvés ou connus, en remplir sa coupe d'or étincelante de pierreries, et dire, après avoir humé la dernière goutte de cette ambroisie : — La coupe est vide !... Adieu.

Car alors seulement la vie dégoûte, parce qu'elle a débordé par tous les sens.

Mais au sein des maux les plus affreux, alors qu'un souffle vous reste à peine, oh ! on le soigne, on l'attise ce souffle, comme on avive la dernière étincelle qui luit encore au fond d'un foyer qui s'éteint.

Aussi tenaient-ils à la vie, à bord du radeau; car pour nourrir les trente hommes qui survivaient, il ne restait que trois livres de biscuit et un petit tonneau de vin.

D'un commun accord, ils pouvaient, les malheureux, mettre un terme à cette horrible agonie..... Mais non !..... non, il fallait vivre..... vivre de larmes, de haine, de torture et de crimes..... Mais qu'importe ? on vivait.....

L'instinct vital le voulait ainsi.

Et il n'y avait plus là de père et de fils, de matelots et d'officiers, de femmes ou de filles.

Il y avait là des êtres qui avaient faim, — qui, pour manger, devaient tout tenter.

Heur aux forts, malheur aux faibles.....

Un seul pourtant paraissait être au-dessus de ces besoins irritants : c'était Szaffie. Seul, sa figure n'avait pas changé. Il était resté le même, calme, impassible et froid.

Debout, appuyé au tronçon du mât, il observait.

A chaque coup de mer qui venait inonder le radeau, les uns courbaient la tête, les autres opposaient au choc cuisant des vagues, des débris de planches et de mâture.

D'autres ne faisaient aucun effort pour s'y soustraire ; couchés, dans un engourdissement léthargique, les yeux ouverts, ternes et vitreux, ils mordaient entre leurs dents un bout de cordage que le hasard y avait jeté, et ne le quittaient plus.

Ceux-là, ayant les jambes prises et brisées entre les ais du radeau, riaient. La douleur et la faim les avaient rendus fous.

Le plus grand nombre, debout, serrés les uns contre les autres, obéissaient, comme une masse inanimée, aux oscillations du radeau, dont ils occupaient le centre.

A l'arrière se tenait Paul, son père, le vieux Garnier, Alice et sa tante, Szaffie.

Par un reste d'instinct de subordination, on avait laissé le peu de vivres qui restassent encore sous la garde des officiers.

Le lieutenant était couché à l'abri d'un rempart de barriques, enveloppé d'un caban oriental, et regardait Paul qui regardait Alice.

Alice accroupie, ruisselante d'eau, frissonnant de froid, sa tête appuyée sur ses genoux qu'elle enveloppait de ses deux bras amaigris, attachait un regard fixe et arrêté sur Szaffie.

Madame de Blène ne voyait plus, ne pensait plus : elle était inerte.

A ce moment, la tempête parut redoubler de force ; le radeau ; soulevé par de hautes lames qui le prenaient en travers, avait quelquefois une position presque perpendiculaire.

Alors les marins suivant l'impulsion de ces affreuses secousses, étaient violemment jetés de l'arrière à l'avant.

En vain les officiers tâchèrent de donner quelques ordres pour concentrer l'agglomération au milieu.

Ils ne furent pas écoutés.

Dans ce moment terrible, les marins se crurent en danger de mort, et après quelques mots échangés entre eux, debouts, rampant, ou se traînant, accrochés aux filières, armés de haches et de piques, ils s'avancèrent vers l'arrière du radeau.

— Nous voulons le vin, dit La Joie en brandissant une hache ; nous voulons nous soûler pour crever en paix.

Pierre se dressa tout-à-coup, embrassa le tonneau d'un bras, et de l'autre tendit un pistolet en disant :

— Misérables! c'est notre seule ressources... il faut la ménager.

— Ton pistolet ne partira pas ! il est mouillé, répondit La Joie en abaissant le canon du bout de sa hache. — Le vin... f..... !

— Le vin ! le vin ! répétèrent les autres. Le vin, ou la mort!

— Vous osez vous révolter ! cria le lieutenant en cherchant une arme.

— Il n'y a plus d'officiers ici ! nous sommes les plus forts ; nous aurons le vin !

— Non !

— Si !

Et La Joie s'avança en menaçant Pierre.

Paul se précipita sur lui ; mais le marin l'abattit d'un coup de hache.

Pierre voulant venger son fils fut aussi blessé.

Alors, sanglants, furieux, ils essayèrent de se défendre, appuyés par le docteur et deux matelots fidèles ; mais ils furent renversés, foulés aux pieds et rejetés sur l'avant du radeau.

Dans ce tumulte, madame de Blène, repoussée jusqu'au bord du radeau, disparut emportée par la mer en tendant les mains à Alice.

Mais Alice la vit se noyer sans pouvoir lui porter secours, car elle-même s'accrochait fortement à une poutre pour ne pas rouler dans les flots.

— A boire ! f....., dit La Joie tout saignant se tenant d'une main aux filières, et de l'autre tendant un gobelet de ferblanc.

— A boire ! puisons à même, et mourons soûls, dirent les autres.

Et ils se précipitèrent en foule sur le tonneau qui fut défoncé, pillé, gaspillé en un moment.

Et l'ivresse gagnant vite ces cerveaux affaiblis par tant de privations, au milieu du fracas des vagues, des rugissements de la tempête, ils se prirent à chanter d'une voix éteinte d'étranges paroles, incohérentes et lugubres comme la chanson d'un fou.

A la clarté rougeâtre de la lune, quelques-uns essayaient de danser en trébuchant; puis gorgés de boisson, alourdis par le vin, ils tombaient ivres morts, roulaient çà et là sur le radeau, et au moment où il se penchait, disparaissaient dans la mer sans pousser un cri.

Le Parisien, tout-à-fait ivre, aperçut Alice, accroupie près d'une barrique vide.

— Tiens, bois! lui dit-il en heurtant les dents de la jeune fille avec son gobelet de fer.

Alice but avec délices jusqu'à la dernière goutte. Le rouge et la chaleur lui montèrent au visage.

— Tu deviens belle, bégaya le Parisien. Pour la peine, baise-moi.

Et le marin effleura de sa bouche impure la bouche d'Alice, qui dit, en le repoussant faiblement :

— Oh! ce vin m'a fait tant de bien ! J'ai encore soif, encore. . . . .

. . . .

— Regarde donc, Paul? disait Szaffie.

Et il montrait à l'enfant Alice et le marin.

— Vois-tu, Paul?

Et il se penchait à l'oreille du malheureux, qui souffrait horriblement d'une blessure à l'épaule.

— Vois-tu, Paul? je te l'avais dit.... Croyez donc à quelque chose ! Subordination, pudeur de jeune fille ; dévoûment, amour, tout cela, Paul, tout cela cède à l'irrésistible influence de la faim ou de la soif ! Nobles sentiments qui dépendent d'un besoin si ignoble, qui....

Mais tu ne m'entends plus, tu t'évanouis ! Oh ! tu m'entendras, dit Szaffie avec un sourire infernal.

Et, lui faisant respirer un cordial dont il était muni, il le rappela à lui.

— Ah ! par pitié ! va-t'en, va-t'en, murmura Paul.

— Je te sauve, enfant. Tiens ! mange.

Et Szaffie, ayant, avec le plus grand mystère, entr'ouvert la boîte de vermeil qu'il avait emportée avec lui lors de son départ de la corvette, en tira un morceau d'une substance solide et compacte, et la donna à Paul.

Paul la porta avidement à ses lèvres ; puis, par un mouvement de sublime réflexion, il s'arrêta, la partagea en trois petits morceaux, et se traîna vers son père. Alice était trop loin : il n'eut pas la force de la joindre.

CHAPITRE XVIII.

UNE VOILE ! UNE VOILE !

> Et c'est donc là la vie !
> BYRON, *Caïn.*
>
> O mes songes dorés !
> SCHILLER, *Les Brigands.*

Deux jours après, la tempête s'était entièrement calmée. Le ciel était bleu, l'air pur, le soleil à son lever.

Le vin avait été perdu ; le biscuit foulé aux pieds, écrasé. On avait alors mangé des cuirs, des chapeaux, les souliers, les ceinturons.

On avait bu avec rage de l'eau de mer.

On s'était mis des clous et des petits morceaux de plomb dans la bouche, espérant que cette fraîcheur métallique étancherait sa soif.

On avait mangé de l'étoupe, du linge.

Il y avait eu un nouveau massacre pour se disputer un goëland, qui s'était abattu à bord.

On avait mangé le vieux Garnier qui était mort en maudissant ses enfants.

On avait mangé les deux tiers du Parisien, qu'on avait tiré au sort.

Mais cette exécrable nourriture avait encore abrégé les jours de ceux qui l'avaient partagée.

A peine deux ou trois matelots et Szaffie pouvaient-ils se tenir debout, les yeux fixés sur l'horizon ; ils regardaient sa ligne vaporeuse et incertaine avec une inconcevable attention.

Ils croyaient apercevoir une voile.

Une voile !

Szaffie surtout y attachait ses regards avec une constance opiniâtre, car il commençait à partager l'horreur de cette position.

Au moment du naufrage, par une prévision concevable, il s'était muni d'une substance très nourrissante, concentrée dans un petit volume *. Il avait ainsi échappé jusqu'alors

* De la chair de venaison macérée, séchée avec du sucre.

aux tortures de la faim. Mais son moyen d'existence diminuait. Il perdait l'espérance de voir le radeau jeté sur la côte d'Afrique par les courants, car le vent avait soufflé si violemment de terre qu'ils devaient en être fort éloignés : aussi ce fut avec une expression de joie impossible à décrire, qu'il s'écria ;

— Une voile ! une voile !

Ce mot magique — une voile — répondit jusqu'au cœur des mourants ; les yeux éteints se ranimèrent, les blessés se soulevaient avec peine, et tournaient leurs regards affaiblis vers l'endroit que désignait Szaffie.

D'autres joignaient les mains, d'autres riaient aux éclats ; quelques-uns furent assez heureux pour pouvoir pleurer.

Ce mot — une voile — fut comme un baume consolateur qui s'épandit sur les blessures, calma les douleurs et fit oublier jusqu'à la faim !

L'espérance vint éteindre toutes les haines,

Les Indiens, dans leurs longues chasses, n'emportent pas d'autres provisions Une once de cette substance suffit par jour, pour nourrir un homme robuste, se livrant même à un violent exercice.

et tous les sentiments violents s'effacèrent à cette pensée.

Ces hommes, naguères si cruels, si farouches, se cherchaient, se rapprochaient, se tendaient les mains, s'embrassaient en poussant des cris de joie délirants, qui partaient du fond de l'âme.

Quelques-uns, dans un engourdissement complet, ne pouvant prendre part à cette ivresse générale, leurs camarades leur criaient, en les secouant :

— Nous sommes sauvés, matelots; une voile!

— Mon Dieu, oui! une voile!

Paul et son père échangèrent un coup-d'œil sublime, et s'embrassèrent avec un bonheur muet et profond.

Alice, anéantie, sommeillait dans un assoupissement nerveux, qui se trahissait par de brusques tressaillements. Elle n'entendit rien. Pauvre enfant!

— Une voile!.... Ce mot fut répété, chanté, murmuré, crié avec une joie, un délire toujours croissant.

Car peu à peu le bâtiment sauveur devenant plus distinct, on vit bientôt la voilure d'une frégate resplendir aux feux du soleil.

Oh ! qu'il y eut un admirable moment d'exaltation, alors que toute incertitude cessa, et que ce signe de salut fut accueilli par mille voix retentissantes !

Alors que ces matelots, naguères insouciants, durs et impies, se sentirent pénétrés d'une reconnaissance religieuse qui les inonda !

Pauvres gens ! leur âme ulcérée par de longues souffrances ne pouvait contenir un bonheur si grand ; leur joie déborda, et ils éprouvèrent le besoin de l'épancher dans une prière de gratitude et d'amour.

A l'instant, quelques Bretons se mirent à chanter un naïf cantique à Notre-Dame de Bon Secours.

— A genoux, enfants ! cria Pierre.

Et tous, tous s'agenouillèrent avec ferveur. Ces yeux ardents se mouillèrent de douces larmes : et c'était un tableau sublime, que celui de ces hommes pâles, souffrants et décharnés, joignant leurs mains tramblantes et amaigries, pour remercier Dieu de ce secours inattendu.

Elle était majestueuse, la simple prière de ces hommes intrépides qui, s'élevant au milieu de l'immensité des vagues, semblait saluer le soleil naissant comme l'aurore de ce beau jour!

Qui semblait reconnaître un divin présage dans l'éclat de cet astre flamboyant de clarté effaçant les ombres d'une nuit obscure, comme le bonheur et le calme allaient éteindre jusqu'au souvenir de leurs affreuses tortures.

Et la frégate avançait toujours sur le radeau, serrant le vent au plus près.

— On quittera le radeau comme on y est entré, dit Pierre avec son habitude machinale de discipline. Les femmes d'abord, les mousses, les novices, les matelots et l'état-major. — L'état-major, c'était lui et son fils.

— Oui, oui, notre bon lieutenant, répondirent les marins avec une joyeuse soumission; car, avec l'espérance et la conviction du salut commun, étaient revenus la subordination, le dévouement, l'amour, le respect qu'ils avaient pour le lieutenant.

— Père... tu ne seras jamais assez fort pour monter à bord? dit Paul; mais bah!... avec une chaise.

— Mon Paul, mon enfant, répondit Pierre en l'embrassant, je ne sais quelle voix secrète me disait que nous ne nous quitterions pas encore. Et, vrai! le ciel ne pouvait nous séparer; car je l'implorais souvent pour toi, en secret, mon enfant, tous les soirs. Et il n'abandonne jamais ceux qui l'implorent... Tu le vois, Paul?

— Oh! ma mère me l'avait bien dit, répondit le pauvre enfant avec une admirable expression de croyance et de tendresse, en baisant les mains de son père.

— Eh bien! eh bien! dit en ce moment Szaffie avec un accent de profonde inquiétude... Vois donc, toi. — Et il montrait la frégate à un marin occupé à ses préparatifs de départ.

— Oh, Monsieur! dit celui-ci, elle laisse

arriver. Après elle va masquer... Mais non... oh!... oh!...

— Enfer ! rage !... cria tout à coup Szaffie en frappant du pied avec violence.

— Quoi!... qu'y a-t-il? demanda-t-on.

— Elle ne nous a pas vus, et vire de bord, mes beaux chanteurs de cantiques! s'écria Szaffie d'une voix tonnante, les yeux flamboyants et en grinçant des dents à se les briser.

— Oh! c'est impossible dit Pierre.

Et c'était vrai.

La frégate louvoyait; quand elle eut fini sa bordée, elle vira de bord pour en prendre une autre et faire ainsi sa route au plus près du vent.

Aussi le bâtiment s'éloigna, diminua peu à peu de hauteur, s'amoindrit, se voila de vapeur, devint presque imperceptible et disparut tout-à-fait dans les profondeurs de l'horizon.

Tant qu'il y eut une ligne des voiles de la frégate au-dessus de la surface de la mer, il y eut un rayon d'espoir au fond du cœur de ces malheureux... parce qu'ils ne pouvaient pas, ils ne voulaient pas croire à une aussi atroce dérision du destin.

Mais quand il n'y eut plus rien à l'horizon... rien... rien que le soleil étincelant sur la mer bleue, calme et déserte.

Oh alors!... ce fut la situation la plus poignante, la plus aiguë qui puisse fouiller le cœur d'un homme.

Aussi, comme dans toutes les puissantes réactions du moral sur le physique, l'affaisement, la torpeur, succédèrent d'abord à l'état d'exaltation que l'espoir avait fait naître.

Cet engourdissement du corps et de la pensée dura quelques instants.

On eût dit que ces misérables avaient besoin de cet espace de temps pour être précipités de l'immense hauteur de l'espérance jusqu'aux abîmes sans fond du désespoir,

Pour bien savourer l'amertume de cette infernale déception,

Pour bien comprendre toute l'horreur de leur position désespérée, pour la bien voir face à faee;

Et puis, quand cette conviction fut entrée

bien au cœur de chacun, froide et acérée comme la morsure d'un mourant,

Quand la mer et l'horizon furent bien vides, bien déserts,

Oh! alors ce fut un horrible mélange d'épouvantables blasphèmes contre ce ciel qu'on avait invoqué, de cris de rage et de mort, poussés par ces hommes qui s'embrassaient naguère.

Alors la haine, la faim, que l'espoir avait un instant endormie, se dressèrent plus implacables et plus sanglantes que jamais.

Alors ces malheureux, comme pour se venger sur eux-mêmes de leur misère commune, se ruèrent les uns contre les autres, se frappant, se déchirant, exaspérés par une effrayante frénésie. . . . .

Szaffie, lui, poussa aussi un cri terrible, arraché par la douleur, et tomba anéanti.

C'était un de ces insensés qui tâchait de lui couper le pied avec un couteau. . . . .

Le lendemain, cet accès de rage frénétique était passé ; la faim avait pris le dessus.

Pierre et son fils étaient couchés près l'un de l'autre ; leur raison commençait aussi à les abandonner. Tout semblait tournoyer autour d'eux ;

Ils avaient le vertige.

Mais par-dessus tout dominait le sentiment d'une faim de tigre.

— Paul, dit Pierre d'une voix creuse et saccadée, j'ai bien faim ; où avais-tu eu ce que tu m'as donné hier ?

— C'était Szaffie.

— En a-t-il encore ?

— Je ne sais pas.

— Viens voir, nous lui prendrons ; nous sommes deux.

Et ils se traînèrent en rampant près de Saffie qui semblait sans mouvement.

Pierre lui mit le genou sur l'estomac, et lui appuya son poignard sur la gorge pendant que Paul le fouillait.

Paul trouva la boîte de vermeil ; Pierre le vit l'ouvrir.

— Donne! donne! dit-il à son fils.

— Attends.

— Non, donne.

— C'est à moi! dit Paul en arrachant le peu qu'elle contenait et le portant à sa bouche.

— J'en aurai ! ou bien...

Cria Pierre en se jetant sur son fils avec un hurlement farouche.

Et une lutte affreuse s'engagea.

Ils réveillèrent Szaffie.

— Oh! vous m'avez volé, vous vouliez m'assassiner. Tu vois, Paul, dit-il d'une voix faible, en examinant les chances de cet effrayant combat; c'est le poignard qui va décider entre ton père et toi... Maintenant... ah! la belle bouchée qui a failli être parricide... Eh bien! mange... mange...

La nuit vint heureusement voiler cette horrible scène. . . . .

Le lendemain, Szaffie, sortant d'une espèce de somnolence lourde et nerveuse, se crut sous l'influence d'un cauchemar affreux.

CHAPITRE XIX.

LA CALENTURE.

Et moi, je meurs! je meurs! Non, Dieu, tu n'es pas juste;
FRÉDÉRIC SOULIÉ, *Christine*.

La folie n'est que la concentration de toutes les idées dans une seule pensée à l'extrême.
CABANIS, *Physique et Moral*.

Il était midi. Le soleil presque vertical des attérages d'Afrique, alors dans toute sa force, épanouissait ses rayons enflammés sur les eaux calmes et limpides, et les faisait miroiter de mille feux.

Le radeau, immobile sur cette mer unie, polie comme une glace, s'y réfléchissait dans les plus petits détails.

Les fragiles remparts de barriques et de filière ayant presque tous été brisés, arrachés par la tempête, le pont ne s'élevait pas à plus d'un pied hors de l'eau, sans aucun garde-corps.

Çà et là flottaient des lambeaux de vêtements, de cordages, de planches, éclairés, dorés par le soleil qui s'y jouait; quelques armes rouillées, tordues, étincelaient aussi sur le pont.

Hors les blessés à mort et les cadavres, tous les matelots étaient debout, les yeux brillants, les lèvres rouges, le teint coloré, animé, resplendissant.

Seulement, au lieu de sentir cette chaleur douce et pénétrante que ces symptômes extérieurs semblaient annoncer, ils étaient baignés d'une sueur froide, leurs membres étaient raides et glacés.

Mais, excepté ce phénomène et un tic nerveux qui donnait à presque toutes les physionomies une expression bizarre et effrayante, rien ne disait en eux la longue torture qu'ils venaient d'éprouver.

Car les uns réparaient autant que possible le désordre de leur toilette, rajustaient leurs vestes déchirées, nouaient leurs cravates, en se disant :—Le lieutenant va commencer l'inspection : faut être propres.

D'autres croyaient voir au loin une ville toute resplendissante d'or, de marbre et de verdure, qui s'élevait en amphithéâtre.

— C'est là Smyrne, disaient-ils, et nous voilà arrivés. Dieu! est-ce beau? Vois donc ces dômes d'argent, ces bassins, ces orangers ; et des femmes qui nous appellent! Viens-y, matelot... viens donc ! donne ton bras.

Et ils s'avançaient sur le bord du radeau, marchaient toujours comme si le pont et la mer n'eussent fait qu'une même surface, trébuchaient à l'extrémité des planches, tombaient, et étaient engloutis dans les vagues.

Alors quelques gouttes d'eau jaillissaient, l'onde se plissait, des bulles d'air venaient bouillonner, et puis la mer redevenait pleine, unie comme avant.

Ceux-là, assis autour d'une barrique vide, croyaient se délecter à une table abondamment servie.

— Passe-moi de ce poulet, matelot, disait l'un.

— En voici; et il est fameux, répondait l'autre en imitant le geste de quelqu'un qui sert.

— Quel vin !

— Quel pain blanc !

— Quelle viande fraîche !

— Je m'en régale, ma foi ! on n'est pas toujours à terre !

Ici c'était la danse, des pas mal affermis, une walse rapide entre deux marins commencée sur le radeau et terminée dans la mer.

D'autres croyaient revoir la chaumière où ils étaient nés, leurs femmes, leurs enfants, tout ce qui leur était cher. Ils s'attendrissaient alors, baisaient leurs enfants au front, et leur promettaient de ne plus naviguer.

Mais tout cela avec le rire aux lèvres ou les larmes aux yeux, avec la meilleure foi du monde. C'était un délire qui s'exprimait par des voix si convaincues, si naturelles, qu'un aveugle eût pris les aberrations de cette fièvre pour des réalités.

C'est qu'un des symptômes de cette fièvre est de développer à l'extrême le désir culminant de chacun, de mettre en relief sa pensée fixe et habituelle, comme dans toutes les folies complètes ou passagères. De là cette vérité naïve que les malheureux mettaient dans la description de leurs rêves insensés.

A la vue de cet affreux délire si froid, si serein, Szaffie resta frappé de stupeur.

Car, ayant, ainsi que Paul, pris quelques atômes de nourriture, il ne partageait pas cet état d'excitation comateuse, cette exaltation cérébrale dévorante, développée par un soleil ardent et par la réaction sympathique d'un estomac crispé sur un cerveau affaibli, la calenture enfin, cette espèce de mirage moral, ne lui faisait pas éclater le crâne en offrant à sa vue, comme à celle de ces malheureux, de trompeuses images de sites enchanteurs, de festins, de femmes ou de famille.

Szaffie et Paul étaient seuls de sang-froid au milieu de cette effrayante orgie intellectuelle.

Quoique affaiblis par de longues privations, ils avaient conservé assez de lucidité d'esprit pour tout voir, pour tout entendre. Paul surtout, substanté par cette parcelle de nourriture que, la veille, il avait disputée à son père.

Aussi éprouvait-il une horrible angoisse à la vue de ce spectacle qui devint plus affreux encore par l'apparition d'Alice....

D'Alice meurtrie, souillée, les cheveux en désordre, d'Alice, hâve, pâle et amaigrie, mais les joues couvertes d'un vif et éclatant incarnat, les yeux brillants et doués pour ce moment d'une force surnaturelle; d'Alice qui se leva lentement du milieu des deux barriques où elle s'était tenue jusque-là; qui se leva droite et raide comme une statue, à moitié couverte par le caban que Pierre lui avait laissé.

Elle s'avança.

Paul cacha sa tête dans ses mains.

Elle parut chercher quelqu'un des yeux; puis, son regard tombant sur Szaffie, elle repoussa avec une force surprenante les marins qui obstruaient le passage, et arriva près de Szaffie.

— Oh! Szaffie, dit Alice d'une voix douce

et faible en se penchant sur lui avec tendresse, tu es à moi, à moi, mon amant, mon amant adoré que seul j'ai aimé de toute mon âme.

Ici Paul voulut s'éloigner ; le misérable ne le put. Il avait assez de force morale pour entendre, mais la force physique lui manquait pour fuir.

— J'ai cru aimer Paul, pauvre ange ! je me trompais. C'était pour moi comme une compagne, comme une sœur ; c'était une amie faible et tendre, voilà tout.

Mais toi, oh ! toi ! dit-elle en se redressant avec orgueil, tu es mon amant ; chacun de tes regards est pour moi un plaisir et une torture ; et puis tes caresses brûlent et énivrent... Oh ! tes caresses, depuis ce jour où, craignant la mort, je me suis donnée à toi, toute à toi, je les ai toujours senties..... Tes caresses ! l'impression m'en est restée et dure encore ? — De ce jour, ma vie n'a été qu'un long plaisir. Car tes baisers ... je les ai encore aux lèvres.

— Oh ! oh ! mourir ! cria Paul d'une voix déchirante.

— Qui parle de mourir ?... Vivre avec toi,

Szaffie, vivre. Viens, Szaffie, viens. Ma tante est morte, je crois, comme mon père, comme ma mère, comme tout le monde est mort pour moi, du jour où je t'ai aimé. Viens! je suis à toi!.... Tiens, vois-tu cette chambre bleue? c'est la mienne... ce lit à rideaux blancs? c'est le mien; le tien, voulais-je dire. Ces fleurs que tu aimes, c'est moi qui les ai mises dans ces vases d'albâtre. Viens, mon amant, car tu es mon amant... Que me fait le mépris du monde? je n'ai pas besoin du monde pour te dire : tu es ma vie, mon âme! Que me fait le monde?... le monde, c'est toi!... Viens, Szaffie! viens mourir pour revivre et mourir encore au milieu de ces voluptés énivrantes, dont le souvenir me dévore; car depuis... ce n'est plus le sang, c'est le désir! le désir qui circule et bat dans mes veines!

Les yeux de Szaffie devinrent étincelants.

Puis Alice ajouta en feignant de se déshabiller :

— Tiens... cette robe noire qui me rendait si blanche... elle tombe... Que ces lacets sont cruels! Tiens... tiens.... ils sont brisés.... Au vent ma longue chevelure brune que tu aimes tant! qu'elle tombe sur mes épaules? — Maintenant, oh! viens, mon amour, viens... je t'attends... Oh! viens donc...

Et la malheureuse enfant fit le simulacre de monter dans un lit, enjamba le radeau et tomba dans la mer.

Paul poussa un cri terrible, se dressa sur son séant, les mains tendues en avant; mais il ne put se lever.

— Sauve-la donc, monstre, cria-t-il en montrant Alice qui reparut un instant à la surface de l'eau en étendant les bras.

Son dernier mot fut : — Szaffie.

— Elle meurt heureuse, répondit Szaffie d'une voix sourde, et une larme brilla dans ses yeux.

— Alice!... Alice!... Mon père.... Alice!... cria Paul en se tordant.

Cette voix, ce mot père, arracha Pierre à sa préoccupation; car ce malheureux, ayant été privé par son enfant d'un peu de nourriture, partageait le délire général. Le lieutenant s'imaginait prendre la hauteur du soleil, et il simulait avec soin cette observation astronomique.

— Tout-à-l'heure Paul,.. lui dit-il ; je suis à toi, mon enfant ; c'est qu'il faut, vois-tu, que *la Salamandre* soit en route. Le commandant m'a bien donné le point ; car il est brave et expérimenté, le commandant.

Puis ayant l'air de serrer ses instruments :

— Maintenant, Paul, je suis à toi, à toi, mon enfant chéri que j'aime, qui es tout pour moi, que j'ai soigné comme il m'a soigné. Oh! mon Paul! soins pour soins, existence pour existence.

Ce dernier coup venait accabler l'enfant. Oh! il se maudissait...

— Paul, mon enfant.... Je souffre.... je ne sais, mais je suis blessé à la tête et au bras.... Tiens... Je ne sais qui m'a fait cela... Mais j'en souffre.... Mon enfant, viens.... viens, mon Paul ; que je te sente près de moi, et je ne souffrirai plus. Nous allons d'ailleurs arriver à Smyrne ; et là, ajouta-t-il tout bas, et là je t'apprendrai une bonne nouvelle. J'ai demandé pour toi mademoiselle Alice à sa tante, enfin tu verras. Pauvre enfant! quand je pense que tu vas être heureux : car ton bonheur, c'est ma pensée de chaque jour, de chaque heure. Vois-tu, oh! Paul, si ce bonheur arrivait, quelle joie pour mes vieux jours! Embrasse-moi donc, ingrat!

Et le lieutenant se pencha sur son fils, qui frissonna en sentant les lèvres glacées de son père.

Puis Pierre, se redressant, s'écria :

— Me voici, commandant! à vos ordres.

Et il alla s'asseoir au centre du radeau, où il parut converser avec quelqu'un.

— Oh! malheur! enfer!... La mort, mais la mort donc! criait Paul. Je suis infâme!

— Pourquoi la mort, Paul? dit Szaffie. Tu es arrivé au terme de la science, à te mépriser, toi et les autres; car, Paul, tu le sais..., tu l'as vu, et tu croiras... que...

Et il s'arrêta, car il commençait à s'affaiblir, ses idées s'obscurcissaient. Mais, dominé par son affreux système, il voulait le suivre jusqu'au bout, jusqu'au tombeau.

— Eh bien! tu le vois, continua-t-il d'une

voix sourde et entrecoupée ; tu le vois..., c'est prouvé :

La matière l'emporte sur l'esprit....; l'instinct animal est le plus fort. Honneur, respect, amour, pudeur..., paternité..., tout se tait dès que la faim parle. Alice..., ton père!...

— Oh! laisse-moi! Va-t'en, cria Paul, va-t'en! Tu es donc Satan!

— Plût à Dieu! dit Szaffie.

Et un dernier sourire amer et ironique contracta ses lèvres.

— Oh! dit Paul d'une voix mourante en tâchant de se rouler au bord du radeau pour tomber dans la mer.

LIVRE VII.

CHAPITRE XX.

BARCA-GANA.

Adorer Dieu dans la créature.
BEN AMAIB, *Poète persan.*

C'est un bien beau lac que le lac Tsad, aux eaux si limpides et si vertes qu'on voit briller, sur le sable qui tapisse son lit, de riches et chatoyantes coquilles nacrées et de nombreuses branches de coraux rouges et éclatants.

Quelquefois le fraïh aux écailles d'azur et aux nageoires dorées vient mordre une des longues racines jaunes des lotos qui flottent sur l'onde, et, entraînant avec lui les corolles bleues de cette jolie fleur, il disparaît sous les rameaux pourpres du banc de corail.

Ou bien c'est le héron blanc à tête noire qui, dressé sur ses pattes roses, le coup ployé, attendant sa proie, reste immobile au bord de l'eau, comme ces figures symboliques du culte des Hindous.

Situé dans le creux du bassin formé par les montagnes inaccessibles de Bournou, bien loin de Tripoli et de la côte d'Afrique, ce lac apparaît là, frais, pur, ignoré, comme une goutte de rosée au fond d'une touffe d'herbes.

Entouré d'acacias, de cocotiers, de palmiers, de bananiers qui réfléchissent leurs mille nuances de verdure dans ses eaux transparentes, c'est à peine s'il reste une place au milieu pour y voir trembler le bleu du ciel, tant ces arbres sont élevés et touffus!

Et puis, la grève est si égale, si blanche ; la prairie qui la cerne est d'un gazon si frais, si émaillé, que c'est un lieu de délices pour les fouas aux plumes violettes, les sarcelles, les pélicans, les grues qui viennent y jouer en sortant de l'eau, et faire étinceler au soleil les diamants qui tombent de leurs ailes humides.

Mais, mon Dieu ! quels cris, quelle peur ! Voilà que la troupe aquatique tournoie, s'envole, et va s'abattre sur un petit îlot, couvert de jeunes mélèzes, de thuyas et de tubéreuses.

Pauvres oiseaux, pourquoi fuir ? Ce n'est pourtant pas une image bien effrayante, que celle de Leila, jeune Indienne jolie, svelte, accorte et brune, qui s'avance pensive, vêtue d'un bouakan de coton ponceau attaché autour de sa taille avec une ceinture de soie blanche.

Leila tenait à la main une petite corbeille de joncs, qu'elle remplit de fleurs choisies avec soin. Arrivée près d'un magnolia rouge, elle s'apprêtait à le dépouiller de sa brillante couronne, lorsqu'elle poussa un petit cri de surprise et s'arrêta.

Allongeant alors en cône une feuille de bananier épaisse et luisante, elle y fit rouler, en le poussant avec une branche d'acacia fleurie, un gros œuf d'un blanc mat et rosé, puis posa la feuille sur la cime d'un lilas de Perse.

Reprenant alors sa corbeille émaillée, parfumée, de mille fleurs, elle la livra aux flots du lac, et, inquiète, suivit du regard cette nacelle embaumée.

Alors la faible brise qui caressait la surface des eaux s'engouffra dans ces feuilles de roses rugit dans les étamines de ces lits vermeils, et entraîna le *navire* sur l'îlot où s'étaient réfugiés les oiseaux.

Triste et terrible naufrage! dont les débris épars s'attachèrent à des brins d'herbe ou à de petits coquillages de toutes couleurs qui scintillaient comme des pierreries.

Leila parut pourtant peinée de ce *naufrage*, car ce fut avec une expression de chagrin qu'elle prit l'œuf renfermé dans la feuille, et, pensive, elle s'arrêta plus d'une fois avant d'atteindre le temple de Lari.

Aussi le soleil se coucha comme elle y arrivait.

Le temple de Lari formait à l'intérieur un long parallélogramme construit en bambous odorants, liés entre eux par des câbles de coton aux couleurs vives et tranchées que Leila distinguait à peine : car plusieurs nids de taméos, remplis de vers luisants dont ces oiseaux garnissent leurs retraites, jetaient seuls quelque clarté au milieu des ténèbres.

Et à voir ces nids entourés d'une auréole bleuâtre, qui rayonnaient çà et là suspendus dans l'ombre, on eût dit de nombreuses girandoles de saphir, reflétant les lueurs changeantes et prismatiques de l'opale.

Peut-être cet aspect lugubre eût augmenté le chagrin de Leila, si les chants du taméos, qui s'exhalaient en murmures harmonieux et plaintifs, n'étaient venus, par leur ravissante et naïve mélodie, changer la tristesse de la jeune Arabe en mélancolie douce et rêveuse.

Leila s'avança vers le sanctuaire.

Au fond du temple, le coupant dans toute sa largeur, s'étendait un vaste rideau pourpre de damas de Perse, à fleurs d'argent. Son étoffe soyeuse et transparente paraissait cacher un foyer de lumière.

Car des reflets d'un rouge vif éclataient d'abord sur l'arête des colonnades de bambous le plus rapprochées du sanctuaire ; puis, s'affaiblissant, se dégradant, cette teinte, d'abord foncée, allait s'éteindre et mourir décolorée dans les ténèbres qui enveloppaient le reste de cet asile sacré.

Tout près du rideau, richement empourprée par les tons qui s'en échappaient, une légère balustrade de roseaux peints semblait défendre l'entrée du sanctuaire.

Cette élégante galerie était ornée de merveilleux arabesques faits de plumes de paon, de colibris, de verlas; et les mille nuances de ces beaux plumages se confondaient avec tant d'art sur un fond obscur, qu'on eût dit du velours noir brodé d'or, d'azur, de rubis et d'émeraudes.

Au milieu de ce mirifique grillage s'élevait, soutenue par un roseau curieusement ciselé, une petite plaque d'or, assez large et recouverte d'une couche de coton blanc, moelleux et parfumé de feuilles de roses.

Ce fut sur ce lit éblouissant au milieu de ces fleurs que Leila déposa l'œuf sacré.

Puis, prenant une sorte de psaltérion à deux cordes suspendu à un bambou, elle en tira un son qui vibra et retentit un instant au-dessus du murmure des oiseaux.

Et ayant replacé l'instrument, Leila s'éloigna du sanctuaire à reculons, les mains croisées sur son sein, en chantant une hymne maldive.

La jeune fille à mesure qu'elle s'éloignait du lieu sacré, diminuait, selon l'usage, la sonorité de sa voix. Aussi, lorsqu'elle fut arrivée près de la porte du temple, la voix de Leila qui n'était plus qu'un murmure, prononça le dernier mot de l'hymne.

Quand le silence annonça que l'adorateur de Lari avait disparu, le grand prêtre Barca-Gana sortit d'un des côtés du temple où était située sa case, s'avança près du rideau, vit l'œuf et se prosterna.

Barca-Gana était un grand-prêtre de soixante ans, d'une couleur fortement olivâtre, décharné, et son œil étincelait sous de longues paupières blanches.

Dernier sectaire d'une tribu errante qui, venue du golfe Persique, s'était établie dans les montagnes inaccessibles de Bournou,

Barca-Gana avait apporté les superstitions de sa terre natale; et, comme plusieurs sectes des Egyptiens, des Hindous et des Persans, il adorait Dieu dans la créature : la *Grue* était l'oiseau sacré de ces idolâtres.

Barca-Gana, vêtu d'un bouakan vert qui l'entourait entièrement, avait la tête couverte d'un voile de crêpe orange à fleurs d'or, attaché sur son front avec des bandelettes de pierreries.

Il s'approcha du petit coussin où était déposé l'œuf divin, l'œuf de grue : et après plusieurs génuflexions, se mit à chanter, sur un rhytme monotone et cadencé, les paroles suivantes en langue maldive :

« Ouvre le sanctuaire ; c'est un rayon de la flamme céleste, un atome de sa lumière, une étincelle de son feu.

« Etre choisi par le grand scheik des vallons verts, toi qui fécondes le germe de ton souffle !

« Ouvre le sanctuaire.

« Pour toi seront les lézards sacrés, à écailles bleues, et tu les mangeras. Pour toi seront les dattes remplies de lait et de miel, et tu les mangeras; pour toi seront les couches moelleuses de coton ; pour toi choisi par le grand scheik des vallons verts, pour féconder le germe divin de ta chaleur.

« Ouvre le sanctuaire.

« Ma tête est ceinte du taïlek, et mes épaules du bouakan : ouvre le sanctuaire. C'est une étincelle du feu divin que tu vas aviver de ton souffle, toi choisi par le grand scheik des vallons verts. »

Une main invisible tira le rideau, qui glissa sur un bambou, et une nappe de clarté resplendissante inonda l'intérieur du temple.

Barca-Gana fut lui-même comme ébloui du spectacle qui s'offrait à sa vue.

CHAPITRE XXI.

L'ÉLU DU GRAND SCHEIK DES VALLONS VERTS.

Ainsi le monde!
Un Béotien.

L'espace caché par le rideau formait un demi-cercle un peu allongé, construit en bambous, comme le reste du temple, mais peints d'un pourpre vif et éclatant, rehaussés par des anneaux d'or qui simulaient les bases et les chapiteaux de ces colonnes élégantes.

Du milieu du dôme, où allaient se joindre les roseaux verts qui surmontaient la colonnade rouge, pendait une vaste lampe d'argile, aussi richement coloriée qu'un vase étrusque, remplie de menu bois d'aloès, dont la flamme blanche et pure répandait plus de parfums que de clarté.

Au centre de ce sanctuaire s'élevait un autel carré, soutenu par des pieds de bronze et recouvert des plus riches tissus des Indes et de Perse : voiles d'or et de soie, cachemires aux vives couleurs, gaze brodée d'argent et d'écarlate, tout se mêlait, se confondait en draperies ondoyantes qui serpentaient autour de cette espèce de lit, fait de quatre couches du coton le plus fin et le plus blanc.

De chaque côté de ce lit, deux énormes éventails de plumes de paon rafraîchissaient l'air, agités par des mains invisibles.

Enfin, couché dans ce lit, coiffé d'une royale couronne de plumes de grues, ornée de diamants, apparaissait, au milieu des plaques d'or qui flamboyaient sur ses épaules, des signes symboliques éblouissants de pierreries qui étincelaient sur sa poitrine, sur ses bras, autour de son cou ;

Apparaissait, dis-je, l'air grave, soucieux, préoccupé ; apparaissait l'ex-débitant, l'ex-capitaine de frégate, l'ex-marquis de Longetour, pour le moment élu du grand scheik des vallons verts.

Le digne marquis était prodigieusement engraissé, Sa figure vermeille, lisse et pleine annonçait une santé parfaite ; et sa longue barbe grise lui donnait un certain air druidique assez imposant.

Pourtant le mari d'Élisabeth fit une grimace colérique en voyant Barca-Gana soulever respectueusement la couverture de cachemire pour glisser dans le lit l'œuf sacré.

— Allons, bon ! dit le marquis, — bon ! encore un à faire éclore !

Ces animaux-là me prennent pour un four ou pour une poule couveuse ! Ils abusent diablement de ma chaleur naturelle pour faire sortir de leurs coquilles ces maudites grues !.. Et si on me les laissait encore ! ça me ferait une compagnie ; ces animaux s'attacheraient à moi... Mais non : une fois qu'ils peuvent se tenir sur leurs pattes, on me les enlève...

Allons, allons ! c'est bon : va-t'en, vieil animal ! dit le marquis en voyant les génuflexions de Barca-Gana, qui sortait du sanctuaire à reculons. Allons ! me voilà en repos jusqu'à dix heures.

A dix heures ils m'apporteront des lézards cuits dans des épices et des dates confites dans du miel et de la crême. J'ai eu une peine inouïe à m'habituer à ces repas-là, et maintenant je m'en trouve bien : je me fais aux lézards. C'est pourtant une drôle de nourriture... Mon Dieu ! mon Dieu ! qui m'aurait dit, il y a quatre mois, quand je faisais ma partie de dominos au café Saint-Magloire, qu'un jour je serais réduit à couver des œufs de grue en Afrique et à manger des lézards.

Dame ! aussi, pourquoi le lieutenant a-t-il été assez scélérat pour m'abandonner dans la corvette ! Oh ! je ne lui pardonnerai jamais ça ; et si je revois la France... Car, enfin, s'il ne m'avait pas abandonné, ce misérable Sam-Baï, qu'ils ont bêtement laissé échapper en prenant le renégat pour un marchand de blés d'Odessa ; cet infâme apostat venant, le soir même du naufrage de je ne sais quelle croisière maudite, n'aurait pas vu la corvette échouée sur le banc et prête à s'engloutir ; n'aurait pas envoyé ses gens pour piller à bord ; ne m'aurait pas trouvé dans mon cadre plus mort que vif; ne m'aurait pas pris à son bord, amené sur la côte, et vendu comme esclave à un enragé qui a voulu d'abord me faire faire des tonneaux. Puis, voyant que je n'y mordais pas, il m'a mis à tirer de l'eau; mais je n'étais pas assez fort. Enfin, heureusement pour moi — Je dis heureusement, parce que c'est un bonheur auprès de mes autres existences — cet animal à grande barbe a troqué contre moi un chameau et deux fusils, et il m'a amené dans ces montagnes, m'a attaché dans ce diable de lit, m'a couvert d'oripaux, et depuis trente-trois jours me fait faire le bête de métier que je fais. Jusqu'à quand cela durera-t-il, mon Dieu? Et les autres!... Où sont-ils, maintenant? Et le coquin de lieutenant? et Alice? et madame de Blène? et l'équipage? et leur radeau?... Noyés peut-être... Je suis mieux ici. Mais quel mieux! Oh! Élisabeth!... Élisabeth! Maudite sois-tu vingt fois..... C'est ta faute; sans toi, je serais encore rue de Grammont, à vendre du makouba, *à la bonne prise!*

Et le bonhomme resta pensif, absorbé, jusqu'à l'heure de son repas; après quoi, il s'endormit du sommeil des justes et des élus du grand scheik des vallons verts.

Le lendemain matin, le marquis fut réveillé en sursaut par un bruit inaccoutumé. Au lieu de la langue aiguë et gutturale qui résonnait dans le temple, il entendit des voix européennes. Son cœur battit, et il pensa mourir de joie en voyant son grand rideau s'ouvrir, et trois officiers anglais, en habits rouges, s'avancer de l'air du monde le plus dévotieux, conduits par Barca-Gana, qui voulait bien les admettre à adorer le saint mystère.

A peine le marquis les eut-il aperçus qu'il s'écria, palpitant : — Au nom du ciel ! qui que vous soyez, ayez pitié de moi.

Les trois Anglais se regardèrent avec un inconcevable étonnement ; car ils étaient bien loin d'avoir reconnu un Européen sous ce bizarre accoutrement.

— Vous êtes Français, Monsieur ? dit l'un d'eux.

— Oui, mon Dieu ! Français ; capitaine de frégate ; et ici depuis trente-trois jours, pour mes péchés. Par pitié, emmenez-moi..... sauvez-moi.

— Il est impossible, Monsieur, reprit le bon Anglais, de vous enlever par force ; mais je me rends à Tripoli, au retour d'un voyage dans l'intérieur de l'Afrique, ordonné par lord Bathurst. Je verrai le consul de votre nation, Monsieur; et j'userai de l'influence que le nôtre a sur le dey, pour vous faire rendre à la liberté.

— Et je n'aurai pas assez d'années pour vous bénir, Monsieur, si vous réussissez, dit le marquis.

— Bon courage, Monsieur ! Dans trois jours nous serons à Tripoli, et avant peu vous aurez de nos nouvelles. Adieu ; car je crains qu'un plus long entretien ne devienne dangereux pour vous.

En effet, Barca-Gana commençait à froncer le sourcil; mais l'interprète des Anglais l'ayant rassuré, il conduisit les étrangers hors du temple, et fut absolument rassuré quand il les vit, eux et leur suite , descendre les rampes étagées de ces hautes montagnes.

Ces officiers faisaient partie de l'expédition de découverte qui précéda celle du malheureux et illustre major Laing. Ayant appris, par leurs interprètes, qu'il existait dans les montagnes de Bournou une secte étrangère à la religion de Mahomet, ils avaient voulu la voir ; et de là leur rencontre fortuite et si heureuse pour l'ex-débitant.

Barca-Gana, lui, avait fait une excellente affaire en achetant le marquis.

Selon l'usage de toutes les sectes de l'Indostan qui adorent les oiseaux, les émigrants de Bournou ne laissaient jamais les oiseaux couver les œufs dont doivent sortir les oiseaux sacrés.

Ces oiseaux leur paraissent d'une essence plus pure quand ils doivent à l'homme cette seconde vie que donne l'incubation. Aussi est-ce un grand honneur d'être choisi pour remplir cet office.

Mais Barca-Gana pensa qu'un blanc, qu'un homme d'une espèce si à part, si peu commune, ferait un bien meilleur effet dans le lit sacré, aux yeux des croyants, et qu'il féconderait tout aussi bien.

C'est mû par ces idées qu'il acheta le bon marquis, comme un charlatan achète, de préférence, un cheval d'une robe extraordinaire, pour traîner son char.

Malheureusement Barca-Gana ne jouit pas longtemps de son idée. Les officiers anglais, à leur arrivée à Tripoli, exposèrent l'affaire aux consuls européens. Le dey fut invoqué, et, par ses ordres, une escorte d'Arabes et le chanchelier du consulat partirent pour aller arracher le digne Formon à ses galliniques occupations.

Le dey alla même plus loin, pour complaire au consul anglais : car, sans le consulter, il fit décimer les habitants de Lari, pendre Barca-Gana comme idolâtre, et plaça Leila dans son sérail.

Quant au marquis, il arriva à Tripoli, frais, bien portant, monté sur un chameau du dey.

Trois jours après, un navire partant pour Gênes fut chargé d'une dépêche du consul au gouvernement français et d'un rapport où le marquis fulminait son indignation contre Pierre, qui l'avait enfermé à bord au moment du naufrage ; il annonçait de plus son prochain retour, sitôt qu'une occasion pour la France se rencontrerait.

LIVRE VIII.

CHAPITRE XXII.

LES JUGES.

> Je requiers justice et vindicte !
> P. L. JACOB, *le Roi des Ribauds.*

La dépêche du marquis arriva bien à propos à Cherbourg, où le brick du commerce *les deux Amis* avait transporté les naufragés du radeau, qu'il avait recueillis en mer le lendemain du jour où ces malheureux avaient été atteints de la calenture.

Depuis quelque temps, le conseil de guerre, qui jugeait Pierre, était rassemblé; l'accusation était basée sur le rapport du journal de *la Salamandre*, qui, on le sait, avait été conservé sur le radeau.

Pierre était donc accusé de *tentative de meurtre suivie d'exécution* sur la personne de son commandant, pendant l'exercice de ses fonctions. Les témoins avaient été entendus, et le peu de matelots qui restaient de l'équipage de *la Salamandre*, au nombre desquels étaient Bouquin et La Joie, furent obligés de témoigner contre le lieutenant; car les faits étaient si positifs, si évidents qu'ils ne purent même en atténuer la gravité. Le précieux document envoyé par le marquis vint compléter l'accusation intentée contre Pierre, et donna une vigoureuse impulsion à la procédure, en la renforçant d'un nouveau délit.

C'était, je crois, vers le vingt novembre. L'air brumeux du port se condensait en un épais brouillard, qui voilait tous les bâtiments mouillés en rade.

Il était huit heures, et un long canot, amarré au débarcadère du môle, se balançait, soulevé par une houle assez forte.

Les canotiers, assis sur leurs bancs, les avirons levés, devisaient entre eux ; tandis que le patron, accroupi à l'arrière, nettoyait avec un soin minutieux les bancs destinés à recevoir probablement des officiers d'un haut grade, à voir le pavillon qui se déployait à la poupe de l'embarcation.

Il fut distrait de son travail par un matelot d'une cinquantaine d'années, à cheveux presque blancs, ayant une jambe de bois ; mal vêtu, et portant un sac qui annonçait que cet homme arrivait d'un long voyage.

— Maître, dit ce vieux matelot en ôtant un chapeau de paille enduit d'une épaisse couche de goudron ; maître, vous êtes patron de l'amiral, n'est-ce pas ?

— Oui. Après ?

— C'est que, maître, vous me rendriez grand service de me laisser embarquer à bord de votre canot, pour y aller.

— A bord de l'amiral ?

— Oui, maître.

— Veux-tu filer ton nœud, vieux congre ! C'est ici le canot du général et des officiers supérieurs qui vont au conseil de guerre.

— Ah ! mon Dieu, maître ! dit le vieux matelot avec une incroyable expression de crainte et d'angoisse. Quel conseil de guerre?

— Tu m'embêtes, à la fin ! Le conseil qui juge le lieutenant Pierre Huet.

— Le lieutenant Huet ! Oh ! dit le marin en cachant son front dans ses mains ridées.

— Tu le connais donc? dit le patron ému sans savoir pourquoi.

— Si je le connais !

— Mais, reprit le maître, va-t'en ; voilà le général et les officiers. — A vos avirons, vous autres ! et debout.

A ces ordres, les canotiers se levèrent, tenant leur chapeau d'une main et leur aviron de l'autre.

C'était le général et cinq officiers supérieurs.

— Range-toi donc, dit l'amiral en poussant rudement le vieux marin, qui était resté immobile devant l'embarcation.

Rappelé à lui, le matelot arrêta résolument le général par un pan de son habit.

— Eh bien! qu'est-ce? Que diable veut-il, celui-là?

— Général, dit Gratien, — le vieux marin s'appelait ainsi, — général, je viens de Brest à pied, marchant jour et nuit, avec ça, dit-il en frappant sur sa jambe de bois avec son bâton. Ce voyage, je l'ai fait pour voir mon lieutenant, mon brave lieutenant, qui me donne du pain, et m'empêche de mourir de faim depuis cinq ans. Oh! général! vous me laisserez aller le voir, n'est-ce pas, général? Un vieux matelot qui aime son officier, ça se conçoit, n'est-ce pas, général?

— C'est trop juste, mon brave! dit l'officier. Viens, tu verras ton lieutenant. Patron, fais placer cet homme à l'avant.

— Oh! merci, mon général, dit Gratien en se précipitant dans le canot avec la vivacité d'un jeune homme, malgré sa jambe de bois.

Le général occupa la première place de la droite de l'embarcation, les autres officiers se placèrent suivant leur grade ou leur ancienneté. Et le patron mit le cap sur le vaisseau amiral.

Après quelques minutes de silence, un capitaine de frégate s'adressant au général :

— Savez-vous, général, que la dépêche du commandant Longetour est accablante pour Huet ?

— C'est vrai, Monsieur ; on n'a jamais vu un plus grand oubli de la discipline !

— Une chose qui me passe, dit un autre, c'est que Huet, sachant que le coffre de journaux était sur le radeau, ne l'ait pas jeté à la mer. C'était si facile, car c'est même un miracle que ce coffre, tout imperméable qu'il fût, y soit resté.

— Mais Pierre Huet est un homme d'honneur, Monsieur, répondit le général, un brave officier, égaré un moment par l'amour excessif qu'il avait pour son fils. C'est une faute que l'on doit punir, mais qu'on peut excuser.

— Si l'on peut excuser une attaque aussi violente contre la discipline, général, répondit l'officier rapporteur, petit homme grêle, sec, aux yeux faux et verts, car ce n'est pas la première fois que Pierre Huet y attentait, ainsi que nous l'avons vu d'après les rapports de M. le marquis de Longetour. La discipline était odieuse à Pierre Huet, oui, elle lui était odieuse, la discipline, cette reine qui doit régner absolue et tyrannique, ajouta le petit homme d'une voix aigre et avocassière.

— Monsieur, dit le général avec une dignité froide et calme qui trahissait pourtant son impatience. Monsieur le rapporteur, vous attaquerez l'accusé devant le conseil.

Et le silence le plus absolu régna jusqu'au moment où l'embarcation atteignit le vaisseau amiral.

— Général, ne m'oubliez pas, dit Gratien au moment où l'officier supérieur allait monter à bord.

— Non, mon brave. Patron, fais conduire cet homme près de M. Pierre Huet.

— Oui, général.

CHAPITRE XXIII.

LE PÈRE ET LE LIEUTENANT.

> Un père est le seul Dieu sans athée ici-bas.
> ERNEST LEGOUVÉ, *Poésies inédites*.

Dans une des chambres du vaisseau, faiblement éclairée par l'ouverture d'un hublot qui y laissait pénétrer un pâle rayon de lumière, étaient réunies deux personnes, Pierre Huet et Paul.

Pierre, assis devant un bureau couvert de quelques papiers, ne laissait pas voir la moindre émotion ; mais Paul, dans un état de stupeur effrayant, tenait les deux mains de son père dans les siennes en attachant sur lui ses yeux fixes, encore agrandis par sa maigreur ;

car Paul était méconnaissable, tant la souffrance l'avait changé.

— Mais, disait l'enfant, mais, père... c'est impossible ! impossible ; ils ne peuvent te condamner...

— Le crime est capital, Paul, répondit Pierre d'une voix sourde.

— Mais, au nom du ciel ! explique la vérité, père... Dis ce qui en est ; que c'est faux... enfin prends un défenseur au moins.

— Je vous ai dit, mon fils, que ma faute était réelle, aux yeux du monde. Elle ne le serait pas que je saurais encore me sacrifier au maintien de cette discipline au nom de laquelle on m'accuse.

— Mais, mon père, c'est infâme à vous de vouloir mourir ainsi... Je ne suis donc rien pour vous, moi !

— Paul, je suis officier avant que d'être père ; plus le sacrifice est grand, plus il est louable, répondit le fanatique et opiniâtre marin.

— Mais, mon Dieu ! savez-vous que c'est un crime que vous commettez là ! s'écria Paul avec violence. Mais vous oubliez donc que si ma mère vous voit et vous entend, elle vous maudit; vous oubliez donc que son dernier mot a été : vis pour notre Paul. Vous savez bien d'ailleurs que si vous mourez, je me tuerai aussi !

— Paul ! dit Pierre avec autorité.

— Oui, ajouta l'enfant exaspéré, oui ! je me tuerai, à vos pieds, devant vous ; car à la fin, je me lasserai des sacrifices que je vous fais. Je vis bien, moi ! et mes illusions m'ont été arrachées une à une. Je vis bien, moi ! et Alice est morte à mes yeux en prononçant le nom d'un homme qui ne l'aimait pas et qu'elle m'avait préféré, à moi, qui l'aimais, oh ! qui qui l'aimais tant ! Je n'ai pas seize ans, et le monde est déjà désert pour moi ; je n'ai plus que vous, vous seul ! Et pour faire respecter un homme lâche et stupide, vous, brave et loyal, vous mentez... vous mendiez bassement une mort honteuse que vous n'avez pas méritée.

— Paul, je fais mon devoir.

— Votre devoir ! mais c'est infâme, cela ;

votre devoir! mais vous me le prouvez aussi, vous : tout est égoïsme sur la terre; car enfin, savez-vous que je pourrais douter de votre amour pour moi, mon père!

— Oh! mon Paul, mon enfant, quelle pensée! dit le pauvre père tout pleurant.

— O pardon, père, père. Pardon! mais entends-moi, écoute ton Paul que tu aimais tant; c'est pour toi, c'est pour t'engager à vivre que je te dis tout cela...

— Mais, malheureux enfant, tu me tues; c'est une torture affreuse... Maintenant, je voudrais revenir sur mes pas; le puis-je? c'est un fait qui s'est passé aux yeux de l'équipage, c'est un fait clair et patent, avoué par moi, prouvé. Mon Dieu! mon Dieu! est-ce à toi à me faire des reproches!... tu devais pourtant bien sentir si mon cœur battait quand nous nous embrassions avant d'aller au feu.

— Tu as raison, père, répondit Paul avec un calme qui contrasta singulièrement avec l'exaltation passagère, qui l'avait animé un instant, et sa figure prit même une expression de douce sérénité. — Tu as raison, après tout, vois-tu? ce que je t'en disais, moi... c'était pour toi; maintenant que tu m'as prouvé que tu ne peux échapper à ton sort... je serai raisonnable.

Pierre ne comprenait pas, mais son cœur se brisait.

— Tu sens bien une chose; Alice est morte, n'est-ce pas? Après ta mort, fils d'un condamné, il me faudrait quitter la marine, et vivre je ne sais où. Et puis, pour qui vivre? Avoue donc, père, avoue au fond de ton cœur de loyal marin, que je serais fou de penser à te survivre.

— Paul!... dit Pierre effrayé.

— Non, là... figure-toi, que moi, moi ton fils, j'ai été condamné à mort... me survivrais-tu?

— Oh! mon Dieu!

— Mon père, c'est au nom de ma mère que je vous supplie de parler vrai, de dire ce que vous avez dans le cœur. — Voyons, père, me survivrais-tu?

Pierre ne répondit rien, et cacha sa tête

dans ses mains en faisant entendre un gémissement cruel.

— J'en étais sûr, di l'enfant ; est-ce que je pouvais avoir une pensée qui ne fût pas la tienne? D'ailleurs, je ne vivrais pas, tu vois comme je suis souffrant ; je deviendrais fou... mieux vaut mourir avec toi. Ah ça ! père, on te juge aujourd'hui, c'est donc demain... Eh bien ! à demain, père ; là comme au feu, le père et le fils seront côte à côte et tomberont du même coup. Je te demande un peu si je puis désirer, ambitionner autre chose ; si ce n'est pas là la fin conséquente de ma vie maintenant. Mais réponds-moi donc, père ; mon Dieu ! que tu as l'air triste et sérieux ! mais pourquoi ça? Mais regarde donc ton Paul, au moins, dit l'enfant en abaissant les mains de Pierre qui cachait son visage.

C'est que Pierre éprouvait une émotion impossible à décrire ; il comprenait le désir de son fils. Il sentait que pour son malheureux enfant, la vie n'était plus possible, car il jugeait d'après lui ; et il savait que comme Paul, lui n'eût pas hésité un moment.

— Mais dis donc, père, je ne sais, mais la tête me tourne et le cœur me manque... c'est une de mes faiblesses... Tu vois... que... et... père...

Il pâlit, ses yeux se fermèrent et il s'évanouit dans les bras de Pierre. Ce pauvre enfant, usé par les privations du radeau, par le chagrin, était d'une faiblesse inouïe; c'est au plus s'il y avait huit jours qu'il se levait, convalescent d'une longue et douloureuse maladie.

— Malédiction! il se trouve mal, c'est la troisième fois depuis hier...

Et il portait Paul sur son lit.

A ce moment Gratien entra.

— Mon bon lieutenant, dit-il en prenant les mains de Pierre.

— Toi, ici, mon vieux Gratien.... c'est le ciel qui t'envoie; aide-moi! aide-moi à secourir mon enfant!

— C'est une faiblesse, lieutenant; du vinaigre!

— En voici.

— Ce ne sera rien, lieutenant dit Gratien....

— Ecoute-moi, Gratien....., tu m'es dévoué.

— Je viens de Brest à pied, jour et nuit pour vous voir, lieutenant.

— Eh bien! tiens, prends.... voici de l'or, c'est tout ce qui me reste... Emmène mon fils où tu voudras, enferme-le, garde-le de gré ou de force; mais que je ne le voie plus.... mon arrêt va être prononcé aujourd'hui et exécuté demain... Tu conçois, Gratien?...

— Oui, lieutenant, dit le marin d'une voix forme.

La porte s'ouvrit: — Lieutenant, le conseil est assemblé, dit le capitaine d'armes.

— Je monte, Monsieur, répondit le lieutenant. — Le sous-officier se retira.

Alors, s'approchant de Paul toujours évanoui, le pauvre père se baissa sur lui, et l'embrassa avec une émotion déchirante.

— Adieu, adieu, mon Paul, mon enfant, adieu tout. Je ne te verrai plus, plus, jamais, jamais! Si... oh! si... bientôt, peut être. Que je souffre! Quelle cruauté!... Mais, maintenant c'est impossible! mes aveux ont renforcé l'accusation ; il y a des témoins, tout est fini. Il n'y a plus à revenir. — Adieu encore, mon enfant, mon pauvre enfant! Et mourir sans que tu m'aies embrassé! C'est affreux, affreux!

Et le misérable cherchait les lèvres de son fils, les appelait de son haleine, baisait ses cheveux, son front, le mouillait de pleurs en disant adieu.

Et il allait à la porte, mais il revenait encore à son fils, pour le couvrir de larmes et de baisers.

— Tiens, je mourrais ici! Gratien, ouvre la porte.

Gratien, dont le cœur était brisé, ouvrit la porte, et l'on vit le piquet destiné à conduire Pierre dans la chambre du conseil.

Cette vue rappela le lieutenant à lui-même ; il boutonna son uniforme, dégarni de ses épaulettes et de son ruban, essuya ses yeux, prit son chapeau, et dit au sous-officier, d'une voix ferme et imposante :

— Marchons, Monsieur.

Et les pas lourds des hommes de garde retentirent dans la batterie. Arrivés près de la chambre du conseil, les armes posées à terre, résonnèrent sourdement, et Pierre, accompagné de deux hommes entra dans la chambre du conseil.

Pendant ce temps, Gratien, profitant de la faiblesse et de l'évanouissement de Paul, le transporta à terre, aidé par les matelots du bord.

CHAPITRE XXIV.

LE JUGEMENT.

Dieu seul est juste.
Le Coran, verset XI.

Le conseil, assemblé dans la grand'chambre, se composait d'un amiral qui le présidait, de trois capitaines de vaisseau, de deux capitaines de frégate et de l'officier rapporteur.

Quand Pierre entra, on le fit placer devant le président, qui, s'adressant à l'officier, lui dit : — Monsieur, veuillez faire connaître les charges.

Le petit homme aux yeux verts se leva, prit un énorme cahier et lut ce qui suit :

« Messieurs, c'est au nom de la discipline indignement outragée par un homme qui, par sa position, devait la respecter davantage, que nous réclamons l'application des peines les plus sévères contre l'accusé Pierre Huet, lieutenant de vaisseau de la marine royale, déjà coupable d'avoir, en plein pont, interrompu et changé les ordres de son commandant, pour ordonner une manœuvre qui aurait pu être préjudiciable au salut de la corvette. Mais qu'est-ce que c'est que ce délit, Messieurs, auprès des autres? Car, dans cette effrayante procédure, nous tombons d'abîme en abîme! Écoutez, Messieurs. Au moment d'un grand danger, oubliant le respect dû au chef et à l'ordre immuable établi à bord, aveuglé par une tendresse égoïste pour son fils, l'accusé ne poussa-t-il pas l'oubli de tout devoir, jusqu'à exiger de son commandant l'ordre de faire sauver d'abord cet aspirant, contre tous les usages reconnus à bord? Mais à quel excès osa-t-il se porter, Messieurs, quand le brave commandant, avec la froide inflexibilité qui caractérise le marin, lui refusa cette demande inouie? Le lieutenant Pierre, Messieurs, osa tirer son poignard et en frapper son chef, à la vue de tout l'équipage, dans un de ces moments décisifs où la subordination la plus parfaite, l'obéissance la plus passive, peuvent seules donner les moyens de sauver le navire. Vous frémissez, Messieurs, vous frémissez d'horreur : que sera-ce donc quand vous apprendrez un autre attentat! La corvette est en danger de nouveau par l'ignorance d'un des officiers de quart. Dans ce moment critique où la présence du commandant sur le pont est comme le phare allumé qui guide au loin le navire et dirige sa marche au milieu des écueils blanchissants de l'écume des vagues qui s'y déroulent écumantes et bondissantes comme furieuses et voulant l'engloutir, lui qui arrache les naufragés à la mer furibonde par la bienfaisante clarté qu'il projette au loin sur l'immensité des vagues comme une étoile promenée par la main de la Providence éternelle... »

A la fin de cette phrase qu'il prononça d'une haleine, l'avocat devint bleu; mais il reprit, après avoir respiré largement :

« C'est dans ce moment, Messieurs, que, craignant sans doute que son brave et inflexible supérieur ne s'opposât de nouveau à ses projets, que ledit Pierre, Messieurs, ose enfermer le commandant chez lui, privant ainsi volontairement et sciemment l'équipage des ordres et des talents de cet officier supérieur, qui, dit-on, d'après le compte que ledit Pierre a rendu lui-même de la capacité de son commandant ; qui devaient, dis-je, retirer le navire de son échouage périlleux. Ne vous paraît-il pas alors, Messieurs, que ledit Pierre, ayant sciemment privé la corvette des avis de son chef, est seul responsable de la perte de ce bâtiment? . . . .

« Ce dernier document nous a été transmis par M. le marquis de Longetour lui-même, qui, par une clémence digne de son beau caractère, cherche autant que possible à atténuer les torts de son lieutenant. Et c'est ici l'occasion, Messieurs, de répondre aux calomnies que l'on a versées sur une estimable classe d'officiers, un moment éloignés de tout service actif. Vous voyez, Messieurs : le marquis de Longetour est abandonné au milieu des dangers les plus affreux. Fort de son courage, il attend ; des pirates l'enlèvent et le conduisent dans l'intérieur de l'Afrique; et, malgré des dangers sans nombre, il profite de ses loisirs pour se livrer à des recherches et à des expériences scientifiques d'histoire naturelle, nous écrit-il lui-même, joignant ainsi la persévérance et l'assiduité d'un homme d'étude au courage de l'homme de mer.

« Mais revenons, Messieurs, à des tableaux moins consolants pour l'humanité. Revenons à l'accusé et à ses fautes. C'est donc au nom de la discipline outragée, Messieurs, que je proteste contre les dispositions bienveillantes que pourrait faire naître cette pièce. Mon accusation, Messieurs, se base sur des faits. La conduite du sieur Huet est du plus mauvais exemple, et ne saurait être excusée par le motif de tendresse filiale qui en est le mobile. Et je finirai, Messieurs, par cette phrase bien simple, mais bien expressive, je crois : avant d'être père, on doit se souvenir qu'on est officier. »

A ces mots seulement, Pierre fit un bond sur sa chaise.

« — Je réclame donc, Messieurs, contre ledit Huet Pierre, l'application de l'article du code pénal, comme prévenu :

« 1° De manque à la subordination envers son commandant;

« 2° De tentative de meurtre sur la personne de son commandant, pendant l'exercice de ses fonctions;

« 3° D'avoir sciemment concouru à l'échouage de la corvette, en la privant des ordres et de la présence du commandant, et d'avoir en outre exposé cet officier à périr, en le privant volontairement de tout secours. »

Et le petit homme se rassit.

— Accusé, avez-vous quelque chose à dire pour votre défense ? demanda l'amiral à Pierre d'un air d'intérêt.

— Non, monsieur le président.

— Avez-vous un avocat ?

— Non, monsieur le président.

— Vous persistez dans votre silence ?

— Oui, monsieur le président. Seulement, je déclare, à la face de Dieu et des hommes, que si je n'avais été blessé et renversé sans connaissance au moment de quitter la corvette, je n'aurais pas laissé le commandant enfermé chez lui.

— Mais pourquoi l'aviez-vous enfermé?

— C'est une question à laquelle je ne puis répondre, monsieur le président.

Le président sortit avec les membres du conseil.

Pierre resta seul, sa tête penchée dans ses mains, tout seul. Le peu de flambarts qu'on avait recueillis à bord du radeau étaient consignés à terre, après avoir été entendus comme témoins.

Le conseil rentra, et le président lut ce qui suit d'une voix émue :

« — Louis, par la grâce de Dieu, roi de France et de Navarre, etc.

« Aujourd'hui, 20 novembre 1815, s'est assemblé à bord du vaisseau amiral en ce port, après avoir entendu la messe du Saint-Esprit, le conseil de guerre maritime en grande tenue, en vertu de l'ordonnance de Sa Majesté; les débats relatifs au sieur Pierre Huet, ex-lieutenant de la marine royale, étant terminés, et toutes les formalités voulues par le décret du 24 juillet 1806 ayant été remplies.

« Ouï le capitaine-rapporteur et l'accusé ; le conseil, après avoir délibéré à huis-clos, en présence de M. le procureur de Sa Majesté ; M. le président, ayant recueilli les voix, a reconnu, à l'*unanimité*, la procédure régulièrement instruite, et a reconnu, aussi à l'*unanimité*, Pierre Huet coupable de tentative de meurtre, suivie d'exécution, sur la personne de son commandant.

« Et ayant écarté les autres chefs de l'accusation, le conseil condamne, en son âme et conscience, et à l'unanimité des voix, le nommé Pierre Huet à la peine capitale, l'arrêt devant être exécuté dans les vingt-quatre heures ; et en outre condamne l'accusé aux frais envers l'État.

« Fait, clos, jugé et arrêté à bord du vaisseau amiral au port de Cherbourg, le jour, mois, l'an précités, vers onze heures moins un quart du matin. Et MM. les membres du conseil ont signé avec le greffier la minute du jugement, etc. »

En entendant son arrêt, Pierre ne dit pas un mot; aucune émotion ne se peignit sur sa figure, car depuis longtemps il vivait avec cette idée. Seulement, s'adressant au président :

— Mon général, seriez-vous assez bon pour m'accorder deux mots d'entretien ?

— Je suis à vous, Monsieur. Veuillez nous laisser, Messieurs, dit-il aux membres du conseil, qui sortirent.

— Général, dit Pierre quand ils furent seuls, me reconnaissez-vous ?

— Oui, Pierre, dit l'officier en lui tendant la main; je vous ai vu au feu, et je sais qui vous êtes. C'est une inexplicable fatalité, car je ne connais personne dévoué plus que vous à la discipline.

— Général, j'ai un fils.

— J'y avais pensé, Pierre. Et son avenir ne doit pas vous inquiéter.

— Son avenir ! Non ! dit Pierre tristement. Il se tuera !

— Mon ami, cette idée...

— Il se tuera, général, je le sais. Seulement

je voudrais, je voudrais... que nous ne soyons pas séparés : vous m'entendez?

— Pierre, mon ami, je ne partage pas vos craintes. Votre fils...

— Il se tuera, répondit Pierre. Seulement, général, pensez à une prière pour nous deux ; j'y tiens. Je n'ai jamais été cagot, mais je suis sûr qu'il y a quelque chose là-haut ! C'est dit, général.

— Dans le cas où le malheur que vous prévoyez arriverait, foi de marin ! ce sera.

— Merci, général. Adieu ! dit Pierre en lui tendant la main.

— Venez donc là, mon brave, répondit l'amiral en lui ouvrant les bras. Ce n'est pas la première fois ! — N'est-ce pas moi qui vous ai donné l'accolade de légionnaire !

Et les deux marins tombèrent dans les bras l'un de l'autre.

— Adieu, adieu, général; pensez à *nous !* dit Pierre en voyant l'amiral s'éloigner.

Il regagna sa chambre. Il n'y trouva plus son fils.... Il s'assit tristement à la place où son enfant s'était assis, et passa la nuit à méditer.

. . . .

Il devait être fusillé à onze heures du matin, sur un ponton, par un peloton de gendarmes.

CHAPITRE XXV.

VISITE.

> Quel ennui !
> BURKE.

Profitant de l'évanouissement de Paul, Gratien l'avait conduit chez son logeur, place du port, au *Chasse-Marée*.

On le sait, c'était la veille du jour où l'on devait fusiller Pierre. Son exécution avait été fixée au lendemain matin. Le signal était le dernier coup de onze heures à l'horloge du port.

La petite chambre, provisoirement habitée par Paul, était ordinairement destinée aux matelots qui attendaient un embarquement avantageux sur un navire de commerce.

Des murs couverts d'un papier jaune à fleurs, tombant en lambeaux, quelques gravures coloriées représentant des épisodes des guerres de Bonaparte, une chaise, une table boîteuse et un lit de sangle, voici l'ameublement.

Située au quatrième étage, l'unique fenêtre de cette mansarde donnait sur une ruelle infecte, et le jour n'arrivait que péniblement à travers des carreaux verdâtres au milieu desquels s'élevaient des fonds de bouteilles.

C'était le soir,

Sur les quatre heures.

Le ciel brumeux et chargé de brouillards de novembre, se voilait de plus en plus, et bientôt l'obscurité commença d'envahir ce misérable réduit.

Paul, assis sur le bord du lit, ne s'en aperçut pas.

Le pauvre enfant, la tête baissée, les mains croisées sur ses genoux, les jambes pendantes, paraissait être dans un état d'insensibilité profonde. Ses yeux s'ouvraient, secs et ardents.

Quatre heures sonnèrent, et la cloche de l'arsenal faisant entendre ses tintements prolongés, Paul fut tiré de son inertie.

— Quatre heures ! dit-il après avoir compté chaque coup. A présent, que fait mon père?... Encore dix-neuf heures à compter. C'est bien long ! J'aime cette horloge, car elle me dira le moment de la mort de mon père. Elle me dira : Paul, es-tu prêt ? Il t'attend. Elle ne me trompera pas. Demain, pour lui et pour moi, le dernier coup d'onze heures sera le signal d'une grande joie, car c'est un signal qui nous réunira pour toujours. Mais que faire jusque-là ? Je m'ennuie tant ! Pourvu que cette nuit, que demain une de mes faiblesses ne me prenne pas. Oh, non ! le ciel est trop juste pour ne pas me refuser ce bonheur-là ! dit-il amèrement.

Qui m'aurait dit cela, pourtant, il y a six mois ? C'est une existence bien fatale que la mienne ! Qu'ai-je donc fait à Dieu, pour être aussi malheureux ? Et il me semblait avoir tant d'avenir, et de riant avenir, devant moi ! J'avais un père qui me chérissait ; j'étais brave, j'étais jeune; ma profession me plaisait, et j'aimais, oh! j'aimais un ange!

Puis après un moment de silence :

— Mais voilà quelque chose de bien affreux! ajouta-t-il. Je ne sais si la douleur, le chagrin ou la maladie ont usé toutes les fibres de mon cœur! — Mais je ne le sens plus — je pense à Alice, à mon père qui sera tué demain, à moi, qui me tuerai demain; j'y pense, et cela sans émotion cruelle ou poignante. Ma vie passée, présente ou future, c'est comme un livre que jaurais lu, et qui m'aurait laissé des souvenirs, mais pas d'impressions. Ce que j'éprouve seulement, c'est de l'ennui, mais un ennui prononcé, et le désir d'être à demain.

Non : non! dit-il après un nouveau silence, non, j'ai beau songer à tout ce qui me fut cher, à toutes mes espérances perdues; j'ai beau toucher du doigt des plaies autrefois si vives et si saignantes, évoquer d'atroces souvenirs: rien, rien, je n'éprouve rien, ni haine, ni désespoir, ni regret; mon âme est morte à toutes les sensations!...

C'est l'effet de l'extrême chagrin, sans

doute; peut-être aussi de la maladie. Mais c'est une chose singulière : peut-être aussi est-ce la certitude que j'ai de mourir demain. Mais, de fait, je n'éprouve rien que de l'ennui, toujours de l'ennui.

A ce moment, un léger frôlement agita la porte.

— Ah! c'est ce bon vieux Gratien qui fait sa faction, dit Paul. Il est là pour m'empêcher de sortir, comme si j'y pensais, mon Dieu!

La porte s'ouvrit, et quelqu'un s'avança dans l'obscurité, car la nuit était venue tout-à-fait.

— C'est toi, Gratien? demanda l'enfant.

— Non, Paul, répondit une voix bien connue, qui fit tressaillir le fils du lieutenant.

— Szaffie! dit Paul stupéfait.

CHAPITRE XXVI.

PROPOSITION.

> Oh ! la damnation éternelle ! Mais une minute de haine !
>
> *Bertram.*

En entendant la voix de cet homme qui venait lui rappeler ses malheurs les plus cuisants, qui venait presque les résumer dans son odieuse personne, Paul sentit un faible mouvement au fond de son cœur flétri. Le misérable pensa que la haine au moins allait vibrer dans son âme. Mais non, non, tous les ressorts de cette âme avaient été brisés à jamais. Cette émotion passagère ne fut que de la surprise ; à peine dura-t-elle un instant, et puis Paul retomba dans son insensibilité morale.

Gratien parut avec une lampe.

— Laisse-nous, lui dit Paul.

Gratien sortit.

Szaffie, amaigri par les privations qu'il avait aussi partagées, paraissait plus pâle que de coutume ; mais c'était le même calme; le même sang-froid, la même expression hautaine et railleuse.

— Eh bien, Paul?

— Eh bien ! Monsieur, quand vous êtes entré, j'ai cru sentir en moi un sentiment de haine et de colère : je me trompais. — Oh ! que vous devez me mépriser, me trouver bien infâme ! dit l'enfant avec un rire amer, car je vous vois là, près de moi, et je n'ai ni le pouvoir, ni la force, ni la volonté de vous tuer : comprenez-vous cela?

— Oui, Paul; ceci devait arriver. Après les grandes joies, les grandes souffrances; après les grandes souffrances, le néant, — la mort morale.

Aussi l'on peut appliquer à l'âme ce que les joueurs disent du jeu. — Il y a deux plaisirs dans le jeu; d'abord le plaisir de gagner : après celui de gagner, le plaisir de perdre ; —

car cent fois mieux vaut perdre que de ne pas jouer. — Aussi cent fois mieux vaut souffrir que d'être plongé dans l'engourdissement où vous êtes, Paul.

— Oh! ceci est une grande vérité Szaffie : car si je souffrais, je pourrais vous haïr ; et si je pouvais vous haïr, je vous tuerais ; mais je ne le puis.

— Écoutez-moi. Il y a bientôt huit ans, comme vous, Paul, j'étais à la veille de me tuer ; comme vous, j'avais le cœur mort et froid : la seule différence, c'est que la satiété du bonheur m'amenait où la satiété du malheur vous conduit, — au suicide — peu importe, le résultat est le même. — Or, je viens vous proposer d'employer le moyen qui m'a sauvé, car vous m'intéressez, Paul.

— Que voulez-vous dire ?

— Une fois votre père mort, en supposant que vous puissiez sortir de l'état de torpeur qui vous accable, quel serait, croyez-vous, le premier sentiment qui s'éveillerait dans votre âme?

Paul réfléchit un instant, puis il reprit : —

La haine des hommes, et le besoin de me venger sur vous.

— La haine des hommes, bien ; quant au besoin de vous venger sur moi, niaiserie et injustice. Car, après tout, enfant, est-ce moi qui ai fait les événements, est-ce moi qui ai dit à ton père : Séide d'une discipline imaginaire, sacrifie à ton idole ton honneur, ton ambition, ton fils et ta vie ?

Est-ce moi qui ai dit à Alice : Méprise et torture le cœur si naïf et si candide de Paul, et aime-moi ? Non ; j'ai dit à Alice : Il y a une âme pure et chaste comme la tienne, cherche cette âme, comprends-la, aime-la ; car mon âme, jeune fille, est sombre, vide et desséchée. Eh bien ! malgré cela, à cause de cela, Paul, elle est venue à moi et s'est éloignée de toi, parce que c'était dans sa nature de femme ;—à cause de cela Alice, élevée au couvent, ayant toutes les vertus et toutes les nobles convictions, m'a préféré à toi, et c'est à cause de toutes ces vertus qu'elle m'a préféré. Une femme corrompue n'aurait pas hésité une minute : elle t'eût choisi, enfant.

Tu parles de me tuer, Paul ! Est-ce moi ou la faim qui ai changé la soumission en révolte, l'amour en haine, la pudeur en frénésie amoureuse? N'ai-je pas partagé vos privations, moi? comme vous, n'ai-je pas joué ma vie? mon seul avantage à moi, fut de voir de sang-froid : car, je te l'ai dit, rien ne m'étonne, parce que je m'attends à tout.

— Enfin, que voulez-vous de moi? dit l'enfant avec insouciance.

— Écoute, Paul, Tu as seize ans, tu es beau, courageux; pour haïr le monde, tu as les motifs les plus terribles que jamais la fatalité ait accumulés sur la tête d'un homme, Ton besoin de vengeance doit être implacable et acéré, car les hommes t'ont ravi père, maîtresse, illusions et avenir!

Viens avec moi, Paul. Je suis riche, mon expérience te servira, tous deux unissons-nous par une conformité de haine. Viens, Paul : tu es la seule créature humaine à laquelle je puisse m'intéresser, parce que toi seul tu peux servir mes projets et les rendre plus complets. Viens! Une femme t'a trompé : eh bien! si jeune, si beau, si désabusé, si flétri, c'est maintenant que les femmes seront à toi, à tes pieds; alors, Paul, alors aussi tu leur feras verser des larmes atroces : elles aussi sentiront leur cœur se briser. Songes-y bien : toutes les souffrances que tu as souffertes, tu les imposeras à l'humanité! Parce que ton cœur a été ulcéré, toutes les femmes supporteront la réaction de ton désespoir; innocentes ou coupables, peu importe : tu as pleuré du sang, elles pleureront du sang. Viens, viens, Paul! Et ce n'est rien encore : si l'amour te donne le pouvoir d'écraser ce sexe, l'ambition te donnera celui de te venger des hommes. Viens, Paul! Je puis t'ouvrir une large et vaste carrière dans les places, dans les honneurs, nous trouverons encore là un puissant moyen d'action sur l'humanité, nous dominerons les hommes d'une effroyable hauteur; ton esprit s'agrandira, enfant! et qui sait? arriverons-nous peut-être à compter non plus par douleur d'homme, mais par douleur de nations. Comprends-tu, Paul? de nations! Faire de la vengeance sur une telle échelle, pousser un cri de vengeance qui retentisse dans la postérité! Viens, Paul; et si le cadre te paraît encore trop étroit, eh bien! il existe à Rome un plus puissant levier; et tu n'es pas marié, ni moi non plus!...

Viens, te dis-je. Et d'ailleurs c'est beau chez toi la vengeance, parce que tu venges un père et une maîtresse. Songe donc, Paul!...—l'humanité, — quelle immense hécatombe à leurs mânes! Viens, quittons cette ville; suis-moi à Paris... viens, viens!

—Non, non, je dois mourir, mourir ici avec mon père!

— Mais, misérable enfant, à qui ta mort nuira-t-elle? mais c'est l'action d'un fou que de se venger de l'humanité sur soi-même.

—Voyez-vous, Szaffie, je vous ai écouté avec attention, avec attention j'ai épié si aucune de vos paroles éveillerait quelque chose en moi, haine, espoir ou désespoir: mon cœur est resté muet, — muet.

—Tu en es sûr?

— J'en suis sûr.

—Pauvre Paul, je te plains alors, parce que

j'avais compté sur toi. J'aurais dû m'y attendre. Oh! il faut une âme forte et puissante pour résister aux coups du bonheur complet ou du malheur complet; mais ton âme était faible et débile. Encore une fois, réfléchis, interroge ton cœur : rien? rien?

— Non, répondit Paul pensif, rien. Je ne comprends pas qu'on puisse vivre quand le monde est désert.

— Mais la vengeance, misérable?

— Mais puisque je n'en ressens pas le besoin à votre vue, c'est que mon cœur est mort, bien mort.

— Adieu donc Paul... adieu.

Et pour la première fois peut-être, une larme de pitié ou de regret mouilla les yeux de Szaffie.

C'est qu'aussi il y avait quelque chose d'affreux à voir cet enfant, si jeune, si beau, pâle, flétri, mourant, déjà mort; car la mort physique n'était plus qu'un fait sans importance, à voir ce pauvre enfant tout seul, dans cette chambre délabrée, sans ami, sans un parent, isolé au milieu du monde, n'ayant approché ses lèvres de la coupe de la vie que pour en sentir toute l'amertume, et s'éteignant là sans se plaindre, sans un regret, sans un murmure, sans pouvoir même verser une larme.

— Encore adieu ! dit Szaffie, et il disparut.

— Adieu ! dit Paul. Puis regardant sa montre : Au moins c'est une heure de passée avec insouciance.

Et l'on entendit résonner les fouets des postillons, et les vitres de la chétive auberge vibrèrent au bruit sonore et retentissant d'une voiture qui s'éloignait avec rapidité.

CHAPITRE XXVII.

GRATIEN.

— A sa santé ! hélas !
— A la tienne...
— Trinque...
SCHILLER, *Les Brigands.*

Le lendemain matin à huit heures, Paul appela Gratien.

Le matelot entra.

— Écoute, mon vieux Gratien, dit Paul en ouvrant un tiroir de la table. Voilà, je crois, cinq mille et quelques cents francs ; c'est tout ce que nous avons mon père et moi : je te les donne.

— Merci, monsieur Paul.

— Parce que tu conçois bien que quand on est mort on n'a plus besoin de rien.

— Oui, monsieur Paul.

— On fusille mon père aujourd'hui à onze heures.

— Oui, monsieur Paul.

— Alors je me tuerai à onze heures.—Mais tu ne me réponds pas ; je compte pourtant sur toi pour m'avoir des armes.

— Monsieur Paul...

— Aimes-tu mieux que je m'étrangle avec ma cravate ? ou que je me brise la tête sur le pavé ?

— Non, monsieur Paul.

— Eh bien ! alors? — tu comprends que si tu m'en empêches aujourd'hui, demain, après-demain, je trouverai toujours le moment et le moyen ; ainsi...

— Oui, monsieur Paul.

— Enfin, Gratien, tu m'as vu naître, n'est-ce pas ?

— Oui, monsieur Paul ; et le pauvre homme sentait son cœur se gonfler. — Oui, monsieur Paul, que même c'était moi qui vous promenais, qui vous berçais et qui vous mettais à cheval sur ma jambe de bois quand vous étiez plus grand

— Eh bien, mon bon vieux Gratien, tu m'aimais alors, dis?

— Oh! oui, monsieur Paul.

— Eh bien, ne me refuse donc pas ce que je te demande; serais-tu content, toi, si on te le refusait? Enfin, si au lieu de n'avoir eu qu'une jambe emportée tu en avais eu deux, si tu avais été bien sûr de mourir, aurais-tu été content que ton matelot te refusât de te casser la tête pour t'empêcher de souffrir davantage?

— Oh! non, monsieur Paul, ça, c'est un devoir sacré qu'on se doit entre matelots : quand on peut épargner une souffrance à un ami, faut le faire; celui qui ne le ferait pas serait un misérable et un lâche...

— Eh bien, Gratien, je suis ton ami aussi, moi, et tu refuserais au fils de ton lieutenant, à l'enfant que tu as bercé, ce que tu ne refuserais pas à un camarade! tu me refuses cela... quand tu sais que mon père va être fusillé... Enfin une fois mort, lui, tu conçois bien que je ne pourrais pas lui survivre, que je souffrirais trop...—Et tu me refuses! tu aimes mieux me voir mourir de chagrin que d'un coup de feu comme tout soldat doit mourir.... — Tu me refuses.... dis.... mon bon, mon vieux Gratien ?

— Eh bien, tenez... Non, monsieur Paul, puisque vous le voulez. Et puis, je conçois qu'après votre père mort, comme ça... ça serait une douleur qui ne finirait pas... oh! oui, une fière douleur... une douleur de toute la vie, mon pauvre monsieur Paul.

— Tu vois bien, mon bon vieux Gratien, que j'ai raison; ainsi achète-moi deux pistolets et charge-les toi-même à deux balles, toi-même, entends-tu?

— Soyez tranquille, monsieur Paul, dit Gratien en essuyant une larme.

— Va, et sois ici avant la demie de dix heures. — Ah ça, je compte sur vous, Gratien, foi de marin?

— Foi de marin, monsieur Paul, dit Gratien après avoir hésité un instant. Il sortit.

Neuf heures sonnèrent.

Neuf heures et demie.

Dix heures.

A dix heures un quart, Paul entendit plusieurs pas à la porte de sa chambre.

Il fronça le sourcil, craignant quelque supercherie de Gratien ; mais ce dernier entra, ayant les deux pistolets sous sa veste, seulement il paraissait tout honteux et embarrassé.

— Monsieur Paul, dit-il en retournant ces armes de tous les côtés, les yeux baissés. Vous m'avez dit de n'en rien dire à personne.

— Certainement; Eh bien! qu'avez-vous fait?

— Monsieur Paul, c'est que j'ai rencontré maître La Joie et maître Bouquin dans la rue, deux anciens du radeau, qui m'ont dit qu'ils voudraient bien vous voir *avant*.

— Fais-les entrer, Gratien.

La Joie et Bouquin s'avancèrent timidement.

— Eh bien! mes vieux flambarts, dit Paul, vous venez me dire adieu?

— Oh! monsieur Paul, répondit La Joie, on

n'oublie pas, voyez-vous, ceux qu'on aime bien. C'est moi, monsieur Paul, qui vous ai appris à faire votre premier nœud d'agui. C'est moi qui vous ai reçu dans mes bras quand vous avez été blessé, et vous vous en êtes souvenu, car jamais vous n'avez brutalisé le vieux La Joie, comme font tant de jeunes officiers. Et puis c'est triste, allez, monsieur Paul, de penser qu'après vous et le lieutenant, il ne restera que nous deux Bouquin, des flambards de *la Salamandre*. Car Gratien m'a tout dit, monsieur Paul ; c'est beau à vous ça ! c'est d'un bon fils et d'un brave marin ce que vous faites là ; n'y a que les femmes et les curés qui diront que vous avez eu tort. Seulement, monsieur Paul, moi et Bouquin, nous voudrions bien... mais je n'ose pas.

— Demande, mon vieux La Joie.

— Eh bien, monsieur Paul, nous voudrions avoir quelque chose de vous, un bouton d'uniforme, la moindre chose ; pardon, excuse, monsieur Paul, c'est que ça serait notre relique à nous deux Bouquin...

— Je te le promets, La Joie.

— Dix heures et demie sonnèrent.

— Allons, adieu mes amis, dit Paul ; laissez-moi... *C'est pour onze heures ;* pas un mot à personne.

— Comptez sur nous, monsieur Paul.

— Allons ! embrassez-moi.

Et Bouquin et La Joie embrassèrent Paul en pleurant.

— Adieu, mon vieux Gratien ; adieu, et merci.

— Mon pauvre monsieur Paul ! disait celui-ci. . . . .

Et tous les trois descendirent l'escalier à pas lents.

Paul écrivit ce qui suit, dès que l'horloge du port sonna onze heures moins le quart :

« Je me tue, ne pouvant survivre à la mort de mon père. Je donne et lègue à Gratien, Jacques, matelot invalide, tout l'argent qui se trouve dans ce tiroir. Je désire qu'on donne à La Joie, maître d'équipage, mon poignard d'uniforme, que l'on trouvera à bord du vaisseau amiral, dans la chambre de mon père. Je désire aussi qu'on donne à Bouquin, maître canonnier, mon aiguillette, que l'on trouvera au même endroit, comme témoignage d'amitié et de reconnaissance envers ces deux braves marins. Je désire, enfin, être enterré avec mon père.

« Fait ce 13 novembre, à onze heures moins dix minutes du matin, cinq minutes avant que mon père n'ait été fusillé.

« PAUL HUET. »

Au premier coup d'onze heures, Paul arma les pistolets.

Ses derniers mots furent :

— Pardonne-moi ! oh ! mon Dieu ! si c'est un crime. — Attends-moi, père ! Je te suis. — Ma mère... Alice !...

Au dernier coup d'onze heures, Pierre Huet tombait fusillé sur le ponton.

Au dernier coup d'onze heures, Paul Huet tombait sur le parquet de la petite chambre de l'auberge du Chasse-Marée.

L'amiral n'oublia pas la promesse qu'il avait faite à son compagnon d'armes.

Pierre et son fils ne furent pas séparés.

L'amiral, Gratien, Bouquin et La Joie furent les seuls qui suivirent le convoi du père et du fils.

Le soir, les trois matelots, qui avaient été s'étourdir dans une taverne, étaient un peu ivres et parlaient d'incendier le port de Cherbourg, pour venger Pierre et son enfant.

Ce projet n'eut heureusement pas de suite.

Gratien jouit d'une honnête aisance jusqu'à la fin de ses jours.

La Joie tomba à la mer, dans une tourmente, et se noya.

Son matelot Bouquin mourut de la fièvre jaune à la Martinique.

UN SALON.

CHAPITRE XXVIII.

UN SALON.

La scène se passe à l'hôtel de Saint-Arc, un mois après la mort de Paul et de son père.

C'est un de ces anciens et admirables salons du faubourg Saint-Germain, qui datent du XVIIe siècle. Les mille moulures et arabesques des portes, des planchers et des panneaux, ont été nouvellement dorées, et se détachent brillantes sur le fond blanc des boiseries. De grandes fenêtres voilées de larges et lourds rideaux de soie pourpre donnent sur un jardin;

d'autres portes, parallèles à ces croisées, s'ouvrent sur une serre chaude, délicieuse, toute parfumée, embaumée des fleurs d'hiver ; des tapis épais et moelleux garnissent cette serre, et de hautes volières, remplies de bengalis, donnent un charme de plus à cette belle et vigoureuse végétation.

Il est nuit.

De riches candélabres, placés dans les coins de cet immense salon, se reflètent au milieu des glaces, et jettent une pâle lueur dans la serre, seulement éclairée par cette douce clarté.

Plusieurs portraits de famille annoncent que cet hôtel est habité par des gens d'antique et glorieuse origine.

Six heures sonnent.

Un valet de chambre ouvre les deux battants de la porte du salon.

Entrent : la duchesse de Saint-Arc. Cinquante ans, taille imposante, l'air spirituel et bon, mise avec un goût et une simplicité extrêmes.

La comtesse d'Hermilly. Dix-neuf ans, une figure ravissante, les plus beaux yeux du monde; les pieds et les mains d'une distinction rare; brune, pâle et la peau très blanche; toilette exquise. Mariée depuis un an au comte d'Hermilly.

Elles entrent en se donnant le bras, et vont s'asseoir sur une des causeuses placées de chaque côté d'une immense cheminée.

LA DUCHESSE.

Que vous êtes donc bonne, ma chère Marie, d'être venue sitôt, et de m'avoir épargné tous les ennuis de ma toilette, en me racontant vos folies!

LA COMTESSE.

Vous appelez cela des folies, bon Dieu! Que M. d'Hermilly n'est-il pas là, lui qui me reproche toujours mon sérieux!

LA DUCHESSE.

Et il a raison, Marie. Vous n'êtes pas de votre âge.

LA COMTESSE.

C'est plutôt lui qui n'est pas du sien.

LA DUCHESSE.

Le fait est qu'à trente ans, il a le tort de se croire jeune, le défaut d'être charmant, et de se trouver le plus heureux des hommes. Je vous le répète, Marie, vous êtes une folle, et s'il était là, je vous gronderais devant lui. Préféreriez-vous qu'il fût comme M. de Servieux, sans cesse triste, préoccupé, d'un pessimisme à faire désirer la fin du monde ?

LA COMTESSE.

Est-ce que vous l'avez ce soir, ce bon M. de Servieux, ce vieil ami de ma mère ?

LA DUCHESSE.

Oui ; mais ce n'est pas tout. J'ai une célébrité, oh ! une grande célébrité, arrivée tout récemment à Paris.

LA COMTESSE, *avec curiosité.*

Ah ! mon Dieu ! Qui donc cela ?

LA DUCHESSE.

Le marquis de Longetour, un parent de M. de Saint-Arc, un marin, un véritable Jean-Bart. C'est tout un roman !

LA COMTESSE.

Contez-moi donc cette belle histoire.

LA DUCHESSE.

Ma chère enfant, ce serait beaucoup trop long. Seulement, on dit que, pris par des pirates, emmené dans l'intérieur de l'Afrique, il a vu les choses du monde les plus curieuses et a fait de nombreuses découvertes en histoires naturelle; car l'Académie des sciences veut le recevoir comme correspondant. Mais ce qu'il y a de plus beau, c'est qu'il n'a été fait prisonnier, dit-on encore, que parce qu'il n'a pas voulu quitter son bâtiment, perdu sans ressource. Son équipage l'abandonna et il eut le courage d'y vouloir rester seul. Ces marins ont un singulier amour pour leurs vaisseaux.

LA COMTESSE.

Voilà de la fidélité et de la constance, j'espère. Est-il marié.

LA DUCHESSE.

Beaucoup. — Avec cela c'est un vieillard fort simple, fort bon, fort doux, mais un de ces caractères entiers, un de ces courages indomptables qui ne se réveillent qu'au milieu des grands périls. Enfin de ces gens que les obstacles seuls grandissent.

LA COMTESSE.

Je serai bien curieuse de voir votre marin.

LA COMTESSE.

Je lui suis fort attachée, vraiment; aussi,

aurai-je le plus grand plaisir à lui apprendre aujourd'hui qu'on va, j'espère, lui accorder un grade supérieur, comme récompense de sa belle et noble conduite. Il a d'ailleurs été fort appuyé par le passager qu'il devait mener à Smyrne. m'a-t-il dit, et qui a rendu de lui les meilleurs témoignages ; mais c'est encore un autre roman que celui-ci.

LA COMTESSE.

Et de deux. Mais c'est la journée des brancards.

LA DUCHESSE.

M. de Longetour m'a présenté son passager, et je vous avoue, Marie, que c'est un des hommes les plus singuliers que j'aie rencontrés.

LA COMTESSE.

C'est encore un vieux marin, bien brusque, bien laid, avec de grandes balafres sur le visage.

LA DUCHESSE.

C'est un homme de trente ans au plus, de la meilleure compagnie, d'une beauté pleine de distinction, d'un esprit fort original et fort extraordinaire; peignant comme un ange et excellent musicien.

LA COMTESSE.

Mais c'est en vérité un héros de roman.

LA DUCHESSE.

Surtout si vous ajoutez à cela un nom de fort bonne maison, une grande fortune, des équipages du meilleur goût, les plus beaux chevaux de Paris; et encore avez-vous une idée incomplète de M. de Szaffie,

LA COMTESSE.

Mais j'en ai beaucoup entendu parler. Vous le recevez?

LA DUCHESSE, *souriant*.

Je sais que les envieux ou les méchants racontent un enlèvement accompagné de circonstances *épouvantables*, l'accusent d'avoir fait mourir de chagrin cette pauvre baronne de Pavy; et de cent autres forfaits pareils.

LA COMTESSE.

Et tout cela est faux. Vous croyez, Madame.

LA DUCHESSE.

La preuve que je considère la source de ces bruits comme fort douteuse et fort impure, ma chère Marie, c'est que M. de Szaffie est reçu dans mon salon.

UN VALET DE CHAMBRE, *annonçant*.

M. le chevalier de Servieux.

Entre le chevalier de Servieux. Il baise la main de la duchesse de Saint-Arc, et s'incline devant la comtesse d'Hermilly.

LA DUCHESSE.

Que vous êtes aimable de venir un peu tôt, monsieur de Servieux ! Vous allez nous rendre bien tristes, nous faire bien peur de l'avenir, n'est-ce pas ? Voilà d'abord une de vos séides admirablement disposée à vous entendre.

M. DE SERVIEUX, *souriant.*

C'est une guerre à mort, madame la duchesse. Mais avouez au moins que la tristesse chez un vieillard est quelquefois de la conscience ou de l'abnégation. Pourtant, par esprit de contradiction, je serai gai aujourd'hui c'est d'ailleurs moins le besoin de contrariété qui opérera cette grande révolution dans mon esprit, que la certitude que j'ai de vous être agréable en vous apprenant une bonne nouvelle.

LA DUCHESSE.

Que voulez-vous dire ?

M. DE SERVIEUX.

Oh ! je ne veux vous parler ni de nouveaux bienfaits à répandre, ni de vos visites du matin, dont les pauvres savent seuls le secret, ni de la reconnaissance de ces veuves d'officiers morts à Waterloo, que vous secourez si généreusement, ni de...

LA DUCHESSE, *avec impatience.*

Monsieur de Servieux !

M. DE SERVIEUX.

M'y voici, Madame. C'est tout simplement d'une note de la main du ministre, rédigée à la hâte. Je l'ai vu à la Chambre, et il m'a remis ces mots, écrits au crayon.

LA DUCHESSE, *lisant.*

« La promotion de M. le marquis de Longetour au grade de capitaine de vaisseau, et sa nomination de commandeur de la Légion-d'Honneur, ont été signées aujourd'hui. »

C'est parfait ! Mille grâces, mon cher monsieur de Servieux.

M. DE SERVIEUX.

Pas de grâces, Madame, car c'est une justice. Ce digne officier lutte de tout son pouvoir contre le danger, et quand il n'y a plus de ressource, par un fanatisme admirable, il se refuse à quitter le bâtiment que le roi lui a confié, y reste, et expie ce dévouement sublime par une captivité affreuse dans les déserts de l'Afrique, où il s'occupe encore de rendre des services à la science... — Vous m'avouerez que c'est admirable, Madame! — Voilà ce qu'on m'a raconté, et on le tient de bonne source. Et ce n'est pas tout. Car ce brave marin avait, en outre, pour lieutenant un homme fort dangereux, qui a voulu l'assassiner à la vue de son équipage, révolté sans doute de la fermeté qu'il ne s'attendait pas à trouver chez notre loyal capitaine. Il paraît même, d'après le procès, que c'est ce misérable qui a causé la perte du bâtiment, que M. de Longetour avait déjà sauvé uue fois. Heureusement justice a été faite ! et notre marine n'a pas à regretter un officier dont elle doit être si fière !

LA DUCHESSE.

Et puis M. de Longetour avait émigré, et un émigré ne peut nécessairement être qu'un imbécile et un lâche. Réellement il est pénible d'être aussi mal compris, et de ne recueillir que de la haine et de la calomnie, pour le peu de bien qu'on essaie de faire.

M. DE SERVIEUX.

On nous prend pour des croquemitaines, et notre cause est jugée en dernier ressort, quand on a parlé de donjons et d'ailes de pigeons. Mais ces plaisanteries disent autant que les proscriptions de 93. La querelle n'est pas finie, madame la duchesse ; la France nous hait, car on ne relève pas des croyances détruites comme on relève un trône.

LA DUCHESSE.

Allons, vous êtes un songe-creux, le Cazotte de la Restauration.

Entre un valet de chambre, qui remet une lettre à la duchesse.

LA DUCHESSE, *décachetant la lettre.*

Vous permettez, monsieur de Servieux?

M. de Servieux s'incline et s'entretient avec la comtesse d'Hermilly.

LA DUCHESSE.

Quel contre-temps ! c'est désolant ! — *Souriant.* — Mais après tout, je reverrai ce bon M. de Longetour, mais je ne reverrai jamais une pareille épître; ainsi, tout est pour le mieux. — *Riant aux éclats.* — C'est qu'aussi, ces marins sont si singuliers ! Mais on dit que tous les gens de haut courage ou d'esprit supérieur sont toujours menés de la sorte par leurs femmes. Lisez donc cela tout haut, monsieur de Servieux, et je vous défie de nous attrister après. Et cela vous égaiera aussi, Marie; car, je ne sais, mais depuis un moment vous paraissez rêveuse.

LA COMTESSE.

Mais pas du tout.

M. DE SERVIEUX, *lisant.*

« Ma chère parente, comme on peut bien parler franchement entre amis et parents, je vous avoue que je ne puis avoir le plaisir d'aller dîner avec vous aujourd'hui, non par ma volonté, mais par celle de ma diable d'Élisabeth, de ma maudite femme que vous connaissez bien. J'ai prié, menacé, je n'ai pu rien obtenir, je ne sais par quel caprice elle m'a refusé, mais elle n'a pas voulu. Et comme je parlais d'aller chez vous malgré tout, car enfin à mon bord c'était autrement, eh bien! Madame et chère parente, elle m'a enfermé, enfermé à double tour, et c'est de ma prison que je vous écris cette lettre, que j'ai jetée par la fenêtre à un commissionnaire, en lui disant de la porter tout de suite à l'hôtel Saint-Arc. Me m'en veuillez donc pas, ma chère parente, car je serais désolé que vous me crussiez ingrat, après toutes les bontés dont vous m'avez comblé depuis mon retour de Tripoli. J'étais bien sûr de vous avoir écrit de Toulon à mon arrivée en France, huit jours avant mon départ pour Paris. Je retrouve ma lettre dans le secrétaire d'Élisabeth, qui l'aura oubliée. Ne m'en veuillez donc pas, ma chère parente, et plaignez un prisonnier. Si j'avais été à mon bord, cela ne se serait pas passé ainsi. Surtout qu'Élisabeth ne sache rien, je vous en supplie. J'ai appris, en arrivant, que mon lieutenant avait été fusillé. C'est un grand malheur, car c'était un brave ; j'aurais tout donné au monde pour le sauver ; ainsi, Madame, les démarches que je vous avais prié de tenter à ce sujet deviennent inutiles, et j'en suis au désespoir, bien au désespoir. Agréez, etc. »

M. de Servieux remet la lettre à la duchesse.

LA DUCHESSE.

L'excellent homme ! Il plaint son lieutenant encore !

M. DE SERVIEUX.

C'est pourtant une chose bizarre, et prouvée, que ces courages de fer, que ces hommes indomptables au milieu du danger, sont d'une faiblesse inouïe, une fois rentrés dans la vie privée.

LA DUCHESSE, *souriant.*

C'est toujours Hercule aux pieds d'Omphale, monsieur de Servieux. — Mais il faut lui répondre à ce pauvre marquis.

Sonnant et parlant à un valet de chambre.

Qu'on m'apporte ce qu'il faut pour écrire.

Écrivant. — « Mon cher parent, je prends un bien vif intérêt à votre captivité ; pour en adoucir les ennuis, je vous envoie une note du ministre ; après tout, ce qui me console un peu, c'est de voir une femme (et votre femme) vous faire expier tout le despotisme que vous faisiez, dit-on, à votre bord.

« A bientôt, j'espère; car madame de Longetour ne saurait être toujours impitoyable. — Mille regrets et amitiés, mon cher parent.

« DUCHESSE DE SAINT-ARC. »

LA DUCHESSE DE SAINT-ARC, *ployant la lettre, la cachetant et la donnant au valet.*

Portez cette lettre.

M. DE SERVIEUX.

Ah ! le malheureux, que je le plains! si Élisabeth intercepte la correspondance, il est mis au secret.

LA DUCHESSE.

Et au pain et à l'eau, peut-être. Gardé à vue, qui sait...

LE VALET DE CHAMBRE, *annonçant*.

Monsieur le duc.

Le duc de Saint-Arc baise la main de la comtesse, la conversation s'engage et n'est interrompue que par le valet, qui nomme successivement les convives ; enfin il annonce :

M. de Szaffie.

LA COMTESSE D'HERMILLY, *tournant vivement la tête*.

C'est lui ! Qu'il est bien !...

Dix minutes après, un maître-d'hôtel ouvrant les deux battants de la porte :

Madame la duchesse est servie !

FIN.

LIVRES DE FONDS.

in-8

Ascanio, par Alexandre Dumas. . . . . 5 vol.
Aventures de Voyage en Orient, par Alphonse Royer . . . . . . 2 vol.
Aymar, par H. de Latouche. . . . . 2 vol.
Aventures d'un Gentilhomme allemand, par Spindler. . . . . . 2 vol.
Aventures d'un Gentilhomme parisien, par lord Ellis. . . . . . 2 vol.
Auberge (l') des Trois Pins, par Roger de Beauvoir. . . . . . . 1 vol.
Année (une) en Espagne, par Charles Didier. . . . . 2 vol.
Au milieu des Douleurs, par Michel Raymond. . . . . 2 vol.
Conversion d'un mauvais Sujet (la), par Raban. . . . . 4 vol.
Croisière (la) de la Mouche, par Paul Hennequin. . . . . 2 vol.
Charlotte Corday, par Alphonse Esquiros. . . . . 2 vol.
Charlotte Corday et madame Roland, par madame Louise Colet . . . 1 vol.
Coralie l'Inconstante, par madame A. Arnaud. . . . . 2 vol.
Cœurs (les) Brisés, par madame Louise Colet. . . . . 2 vol.
Derniers (les) Bretons, par Souvestre. . . . . 4 vol.
Deux mois d'émotions, par la même. . . . . 1 vol.
Entre deux Lames, par Pujol. . . . . 2 vol.
Femmes (les) proscrites, par Arnould Frémy. . . . . 2 vol.
Folles et Saintes, par la même . . . . 2 vol.
Fille du Trombonne, par Saltret. . . . . 2 vol.
Fils du Réprouvé, par Félix Lamb. . . . . 2 vol.
Ilots de Martin Vaz, par E. Corbière. . . . . 2 vol.
L'Homme et l'Argent, par Souvestre. . . . . 2 vol.
L'Homme aux trois Culottes, ou *la République, l'Empire et la Restauration*, par Ch.-Paul de Kock. . . . . 2 vol.
Le Tasse et la princesse Éléonore d'Est, par madame Gottis. . . . 2 vol.
Le Journaliste, par E. Souvestre. . . . . 2 vol.
La comtesse de Seryy, par madame Arnaud. . . . . 2 vol.
Mademoiselle de Verdun, troisième partie du *Faubourg Saint-Germain*, par le comte Horace de Viel-Castel; deuxième édition. . . 2 vol.
Mémoires de la reine Hortense et de la Famille impériale, par mademoiselle Cochelet, (madame Parquin). . . . . 4 vol.
Mémoires du général Belliard, par M. Vinet. . . . . 3 vol.
Méderine, par madame Ancelot. . . . . 2 vol.
Ne touchez pas à la Hache, par Amédée Gouet. . . . . 2 vol.
Pages de la Vie intime, par madame Mélanie Waldor. . . . . . . 2 vol.
Passion et Devoir, par madame Hippolyte Taunay. . . . . 2 vol.
Quinze ans d'exil dans les États romains, par le comte de Châtillon. 2 vol.
Ruysch, par Roger de Beauvoir. . . . . 1 vol.
Souvenirs d'un Demi-Siècle, par Touchard-Lafosse. . . . . . . 6 vol.
Sur nos Grèves, roman maritime, par Fulgence-Girard. . . . . . 2 vol.
Singhy le Malais, histoire indienne, par Bouët. . . . . 2 vol.
Trois (les) Pirates, par Edouard Corbière. . . . . 2 vol.
Une Maîtresse de François Ier, par madame Aug. Gottis . . . . . 2 vol.
Une Cantatrice, par madame Hippolyte Taunay. . . . . 2 vol.

Sceaux. — Impr. de E. Dépée.

www.ingramcontent.com/pod-product-compliance
Lightning Source LLC
LaVergne TN
LVHW020619110826
845149LV00002B/525

9782011886699